최형만의 술 강의

 책과사람들

그는 "시청자들로부터 '저 친구 어떻게 저런 것까지'란 혼잣말이 나올 수 있도록 매회 준비를 하고 있다"며 "그래서 신문·책을 항상 곁에 두고 다양한 사회현상을 빠짐없이 머릿속에 집어넣고 있다"고 말했다.

최형만의 도올 패러디를 시작한지도 벌써 2년. '평면성'의 함정에 빠질 수 있는 특정 유명인 흉내내기만으로 한 코너를 정착시킬 수 있었던 데는 남다른 노력이 숨어있다.

- 조선일보 중에서(2004)-

최 양 락

형만한 아우가 없다는 말처럼 정말

최형만 같은 아우가 없다.

책을 낸다니 정말 반갑고...

더욱 개그로 우뚝 서기 바란다.

2004. 8. 19

이 봉 원

첨 개그맨이 되겠다고 방송국에 와서

삐쩍 마른 몸으로 이리 저리 날라다니며

연기를 하더니

이제는 어엿한 중견 개그맨이 됐구나.

책 내는거 축하한다.

김정렬

돌을 흉내내서 맨날 짝퉁이란 소리를 들었는데 책 만큼은 짝퉁이 아니라 정말 신선하고 재밌는 내용이겠지? 형만아 파이팅!

화니지니 (오승환/ 최현진)

내용이 좋은 책이라 다른 코미디 서적과는 확실히 차이가 납니다.
이 책으로 대박 나세요. 꼭이요.

장미화

축해해요. 한번 방송되면 사라져버리는
명 강의가 아쉬웠는데
책으로 묶여진다니 정말 반갑네요.

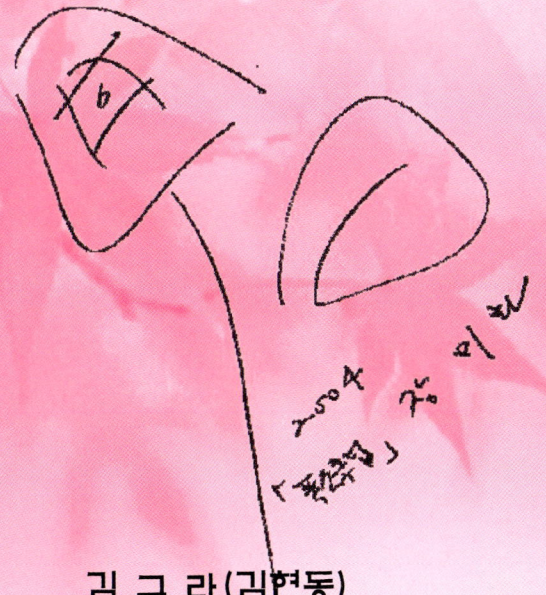

김 구 라 (김현동)

뭐 책을 낸다고? 개나 소나 책을 쓴다는 세상
에 돌까지 책을 내?
에라이~~ 대박이나 나라!

김현동.

김지혜

후배로써 부끄럽습니다.
좋은 자료로 생각해서 읽고 읽고 또 읽을게요.
선배님 근데 남자친구 줄건데 한권 더 주시면
안돼요?
돌선생 : 사서 봐!

김인석

선배님이 남 앞에서는 웃고 있지만 뒤에선 울고
있다는거 잘 압니다.
인생의 고뇌가 담긴 책이기에 저는 이 책을
보며 울 것 같습니다. ㅜㅜ

KBS 포소클럽
김인석

김홍식 (김샘)

대구서 올라왔을 때 좋은 말씀도 많이 하시고 밥도 많이 사주시던 정겨운 선배님이 책을 내신다니 좋네요.
대구서 제가 많이 팔아 드릴께요.

김홍식
2004. 8. 21

블랑카

저 한국에 와서 돌선생 만났어요.
근데 돌 선생 좀 이상했어요.
저 데리고 술집 갔어요, 안마 갔어요, 이발소 갔어요.
한국에 헐벗은 여자들 너무 많아요.
뭡니까 이게 돌선생 좋아요. (선배님 농담입니다. 선배님 사랑해요)

KBS 폭소클럽 블랑카공 정현규~

신상훈 (폭소클럽 작가)

돌강의가 책으로 엮어 나와서 너무 반갑다.

남을 한번 웃기려면 자신은 열번 울어야 하기에

이 책이 나오기까지

얼마나 니가 울었는지 알 것 같다.

신 상 훈

• 최형만의 돌강의 활용법 •

책은 읽히기 위해 쓰여진다.

그러나 이 책은 읽히는건 기본이고 다음과 같은 용도로 사용되기를 바라는 마음에서 쓰여진 책이다.

1. 중고등학생들의 논술시험에 논리적 사고를 키워준다.
2. 직장인들에게 새로운 아이디어를 떠올리는 촉매제가 된다.
3. 중소기업 대기업 사장님들에겐 재미있게 연설을 하기 위한 기초자료로 활용된다.
4. 실업자들에겐 면접시험에서 자신있고 호감있게 말하는 방법을 가르쳐 준다.
5. 새로운 개그인생을 펼치려는 나, 최형만에게 생활비를 벌게 해 준다.

각 장마다 "돌에게 물어봐" 라는 검색창이 있다.
검색창에 여러분이 원하는 단어를 적어 넣으면 된다.
그러나 이 책이 인공지능을 갖춘 첨단 노트북이 아니기 때문에 주어진 단어는 몇 개로 제한되어 있다.
그게 불만이면 2편 3편이 연속적으로 나오길 기대하라.
어떻게 하면 연속적으로 책이 나오느냐고? 당신처럼 책 사는 사람이 늘어나면 된다.
자꾸 책파는 얘기를 하는거 보니까 책장사 같다고?
그래 맞다. 인생은 어차피 팔고 사는거 아닌가?
세일즈를 잘해서 성공한다.

이 책보고 행복해졌으면 합니다

차례

검색

1. 돌강의 　사 랑　 • 21
   〈돌웃음 : 사랑〉

2. 돌강의 　여 행　 • 29
   〈돌웃음 : 여행〉

3. 돌강의 　다이어트　 • 36
   〈돌웃음 : 다이어트〉

4. 돌강의 　부 자　 • 43
   〈돌웃음 : 부자〉

5. 돌강의 　남과 여　 • 51
   〈돌웃음 : 남과 여〉

검색 [   ]

6. 돌갱의   [아 빠] • 56
   <돌웃음 : 아빠>

7. 돌갱의   [책] • 62
   <돌웃음 : 책>

8. 돌갱의   [아파트] • 70
   <돌웃음 : 아파트>

9. 돌갱의   [숫 자] • 78
   <돌웃음 : 숫자>

10. 돌갱의   [꽃미남] • 85
    <돌웃음 : 꽃미남>

11. 돌갱의   [자동차] • 90
    <돌웃음 : 자동차>

검색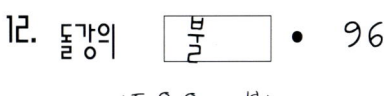

12. 돌강의　불　• 96
　　　〈돌웃음 : 불〉

13. 돌강의　담배　• 101
　　　〈돌웃음 : 담배〉

14. 돌강의　돈　• 108
　　　〈돌웃음 : 돈〉

15. 돌강의　핸드폰　• 114
　　　〈돌웃음 : 핸드폰〉

16. 돌강의　고향가는 길　• 122
　　　〈돌웃음 : 고향가는 길〉

17. 돌강의　로또　• 128
　　　〈돌 웃음 : 로또〉

검색

18. 돌강의 졸업 • 132
   <돌웃음 : 졸업>

19. 돌강의 공부기술 • 139
   <돌웃음 : 공부>

20. 돌강의 봄 • 146
   <돌웃음 : 봄>

21. 돌강의 식목일 • 152
   <돌웃음 : 식목일>

22. 돌강의 여름향기 • 157
   <돌웃음 : 여름향기>

23. 돌강의 무인시대 • 162

24. 돌강의 보디가드 • 167

검색 [　　　　　　　　]

25. 돌강의 [데이트 크리닉] • 174

26. 돌강의 [사라진 기억들] • 180

27. 돌강의 [사라진 소리] • 186

28. 돌강의 [바 람] • 190

29. 돌강의 [시 험] • 195

30. 돌강의 [칭 찬] • 200

31. 돌강의 [왜 변하는가?] • 204

32. 돌강의 [누 드] • 210

33. 돌강의 [아 침] • 215

| 검색 | |

34. 돌강의 　어린이　 • 220

35. 돌강의 　얼짱·얼빵　 • 224

36. 돌강의 　극 장　 • 228

37. 돌강의 　인 사　 • 233

자, 그럼 **돌강의 스타트!**

 # 1.   사 랑

사 랑

　미국 시카고 상류계층의 결혼 패턴을 분석한 한 사회과학자는 결혼하는 신혼부부의 70% 이상이 서로 세 블록 이내의 거리에서 성장했다는 사실을 알 수 있었데요.
　여러분도 주변을 둘러보세요.
　여러분의 결혼 상대자가 있을 지도 몰라요.
　어디 봐? 어디? 왜 나를 보는 사람은 아무도 없어?
　오늘의 공짜 강의, 결혼하기 전에 반드시 해야 할 것 바로 사랑이다.

사랑!! LOVE 러브!!
이 LOVE 속에 사랑에 관한 모든 것이 들어있다 이말이야!!

$$love \quad \begin{array}{l} l \\ 5 = o \\ v \\ 2 = e \end{array}$$

1. 사랑 **21**

L left! love를 왼쪽으로부터 읽어봐.

ev 이브야 이브!!
하나님이 왜 이브를 아담의 왼쪽(left)
갈비뼈로 만든 줄 알아
남자의 머리뼈로 만들지 않은 건 남자 머리꼭대기에 오르지 말라고,
남자의 다리뼈로 만들지 않은 건 남자의 발밑에 있지 말라고,
광대뼈로 만들지 않은 건 남자 앞에서 광대짓 하지 말라고,
나이트가면
짧은 치마 입고, 스피커 위에 올라 오버하며 춤추는 여자 있어요.
그러지 말라고 한거야.
그럼 왜 남자의 갈비뼈로 만들었냐? 그건 남자랑 똑같은 키로 서 있으라, 남자와 동등하게 서 있으라 이거야!
사랑도 마찬가지야! 사랑은 서로 동등해야 하는거다.

5(=ㅎ) 사랑을 이뤘을 때 좋은 게 다섯 가지 있다.

last - 누구나 지금 사랑이 마지막 사랑이길 바라잖아요!
lip - 입술. 이건 말 안 해도 알지요?

lock - 영원히 한 사람한테 잠기는 거다.
luxury - 사랑을 하면 고급품이 돼! 나 몰라 물어요?
진품명품이지!
거긴 골동품만 나와요!
lucky - 행운의 사나이가 되는 거예요.

V 이건 그냥 기분 좋아 V야!! ✌

2(=e) 사랑이 이루어지지 않았을 때 나쁜 거 두 가지가 있다.
linger - 오래 머무르다. 떠나지 못하다는 뜻이에요.
사랑에 실패하면 그 사람 마음에서 떠나지 못해요.
그리고 가끔 사랑때문에 링거 맞는 사람이 있다.

liar - 거짓말쟁이. 사랑은 다 거짓이었다.
이 글을 읽는 여성분들에게 유익한 거 가르쳐 줄게요.
남자들이 하는 뻔한 거짓말!!
네가 첫사랑이야!!
남자들의 첫사랑은 대부분 중학교 무렵이래요. 정말 중학생이 와서

"누나 첫사랑이에요" 하면 밀어. 그리고 나머지는 밑지 말아요.

술 좀 더 마셔. 내가 집까지 데려다 줄게.
경상도에서는 오늘밤 너랑 같이 있고 싶다가
"한잔 더 해라"
이거예요!

E electric 전기가 통해요!

2만 2천 볼트 사람이 있어요! 이건 그냥 타죽어!
220/110V 겸용인 사람이 있어요! 조심해야 돼! 바람둥이야!
건전지 같은 사람이 있어요! 미온적이지만 오래간다.
그런데 건전지 같은 사람 중에 조심해야 될 사람이 있어
바로 머리 나쁜 사람이야!
그런 거 있잖아요! "백만 스물 하나,
백만스물 둘, 아 깜먹었다 다시"

성인 여러분, 늘 말초신경을 자극하고, 원색적이고, 순간적인 사랑에만 빠져 계신데 제가 들려주는 사랑에 관한 동화 들으면서, 사랑의 의미를 찾으세요!

스쳐가는 사랑에 관한 동화예요.
하루살이가 살았어요. 이 하루살이가 보는 세상은 너무나 아

름다웠어요.

　아름다운 세상을 살아가다 이 하루살이가 자기의 이상형인 파리를 만났어요.

　둘은 만나 너무나 행복했어요. 시간은 흐르고 헤어질 시간이 되서 파리는 하루살이에게 이렇게 말했어요.

　"하루살이야 우리 내일 만나"

　스쳐가는 사랑이에요.

　표현방법이 다른 사랑에 관한 동화예요.

　남자 개미에게 사랑하는 여자 개미가 생겼어요. 몇날 며칠 고민하다가 여자 개미에게 고백을 했어요.

　"I LOVE YOU" 여자 개미는 아무 반응도 없었어요.

　남자 개미는 여자 개미를 만날 때마다 "I LOVE YOU" 그러나 여자개미는 이상한 소리만 했어요. 남자 개미는 상심해서 여자 개미를 떠났어요. 여자 개미는 남자개미가 떠난 후에도 알 수 없는 소리만 했어요.

　"이히리베디히"

　표현방법이 다른 사랑이에요.

　자기 자신을 사랑한 동화에요.

　배추벌레가 여자 배추벌레를 사랑했어요. 그 배추벌레에게 만나자고 하고 약속장소로 나갔어요. 그런데 여자 배추벌레가 오지 않은 거야. 상심한 배추벌레는 몇날 며칠을 상심하며 기다리다 그만 죽어버렸어요.

　약속 시간을 잘못 안 여자 배추벌레가 뒤늦게 도착해서 보니

배추벌레의 시체만 있는 거에요.

여자 배추벌레는 너무 슬퍼 몇날 며칠을 그 자리에서 울었데요.

한참 울다가 너무 배가 고픈 여자 배추벌레는 남자 배추벌레를 먹었데요.

결국 사랑이란 자기 자신을 사랑한 후에 남도 사랑할 수 있는 거예요.

아!! 감동의 물결이에요!
오늘은 표현 방법이 다른 개그에요!

요즘 이라크 전쟁 때문에 온 세계가 들썩였는데, 전쟁이 있고 평화가 있는 건 말이 안돼요. 평화가 있으면 전쟁은 없죠.

그럼 평화가 있으려면 먼저 무엇이 있어야 하나?

바로 서로가 서로를 사랑하는 그 마음이죠.

공짜강의 여기서 끝!!

할머니의 사랑

메뚜기를 구워먹던 어린시절;;; - -;;;
어느날 나는 방아깨비중 대빵 큰 한놈을 잡았습니당!!
푸핫! 푸핫!!
그때 동네형이 축구를 하자고 했고 난 그 방아깨비가 신비한 나머지...
집위 싱크대에 올려놓고 축구를 하러 나와찌요~~ㅎㅎ;;
축구가 끝난 뒤 그 신기한 메뚜기를 나는 다시 보러 올라간 순간
"어 이상하네??" 메뚜기가 누렇게 떠져 있었습니다.(원래는 초록색;;)
"우와 메뚜기가 색깔도 변해 우와우와!!!!!!"
"근데 할머니 이거 왜 누래져썽??"
그러자 엽기적인 할머니의 한말씀;;
"어, 왔냐. 거기 메뚜기 먹으라고 구워놔-따"

사랑에 빠지면.... 초기 증상들

- 💚💚 거리를 지나는 그 수많은 여성들 모습이 어느 순간 그녀의 얼굴로 보여 깜짝깜짝 놀란다.
- 💚💚 잡지나 TV에서 좋다고 한 영화가 개봉되면 그녀 생각나서 바로 예매 한다.
- 💚💚 휴대폰 벨이 울리면 어떠한 상황이라도 꼭 받는다.
- 💚💚 잘 듣지도 않던 유행가 가사에 귀 기울이며… "그래 바로 내 얘기야~"라고 한다.
- 💚💚 그녀 직장이나 학교 근처에만 가도 혹시나 우연히 마주칠까 괜히 두리번거린다.
- 💚💚 전화 요금이 두 세배로 나와 한 달 계획에 구멍 난다.
- 💚💚 거울도 두 배로 많이 보게 돼서 여동생한테 구박받는다.
- 💚💚 성적이 두 배로……… 떨어진다.

2. 여 행

여 행

여행을 영어로 travel이라고 한다.

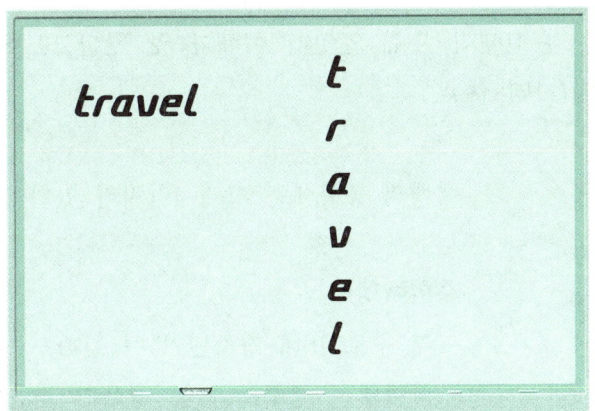

† 여행을 갈 때는 + 동서남북을 잘 알아야 길을 안 헤맨다.

r 알은 좀 있다가!

a 알콜! 여행 가면 술이 빠질 수 없다.

v 여행가서 사진 찍을 때 애나 어른이나 v를 한다. 촌스럽게! ✌

e 입은 항상 김치이~!

여행을 가면 빠지지 않는 것! edps! 음담패설이다.

l 여행 갈 때는 둘이 갔는데 돌아올 때 보면 셋이다.

애를 만들어온다는 얘긴데...
순진해서 무슨 말인지 이해가 안 간다고? 에이~
알(r)면서~!!

여행의 종류에는 크게 4가지가 있다.

수학여행!
이건 주로 10대 청소년기 때 간다.
수학여행은 경주로 가는 경우가 많은데 괜히 경주엘 가는 게 아니다.
우리 인생은 경주다!
또 경주에는 탑이 많다. 다보탑! 석가탑!
인생에서 탑이 되라고! 그래서 수학여행을 경주로 많이 가는 거다.

그럼 경주에 사는 청소년들은 수학여행을 어디로 가느냐?
제주도로 간다. 그것도 다 필연적인 이유가 있다!
제주도에는 조랑말이 많지?
그 조랑말 보면서 어른들 말 잘 들으라고! 제주도로 가는 것이다.

신혼여행!

요즘에는 해외로 많이 간다. 그래서 그런지 해외 어디를 가든지 한국인의 발자취를 느낄 수가 있다.
프랑스 파리의 에펠탑 꼭대기에 가보면 이런 글이 있다.
〈철수 영희 왔다 감〉 어쩌라고? 어?
네덜란드 가보면 뱅글뱅글 도는 풍차 날개에
〈한국축구 4강 파이팅! 히딩크 만세!〉 써 놓은 놈도 있다.
그래도 거기까지는 이해한다.
영국의 버킹검 궁전 화장실에 가보면 이런 낙서가 있다.
〈친구집에 갔다... 친구는 없고 친구 누나만 자고 있었다.〉
친구집에 갔다가 친구가 없으면 돌아와야지...
대체 뭐하는 짓이냐 이 말이다.

밀월여행!

밀월여행 온 사람들은 척 보면 알 수가 있다.
다른 커플들은 바닷가 모래사장에 앉아서 〈형만♡미숙〉〈자기 사랑해~〉
새기면서 "어머 파도가 우리 사랑을 지웠어~~ 어쩜 좋아!!"

닭살 떨고 있는데...

이 밀월여행 커플은 밖에서는 1미터 이상 절대 붙어있지 않는다.

왜? 행여 아는 사람 만날까봐...

이 때 남자는 백이면 백 모래사장에 뭔가를 비밀스럽게 새기는데..

가서 보면 십중팔구 이런 내용이다.

〈기름값 8만원, 방값이 1박에 3만원씩 6만원! 아침 만 2천원...〉

묻지마 관광!

주로 40대 이상 유부남과 유부녀들이 자주 떠나는 여행이다.

고속도로에서 창문에 커튼 닫아놓고 갈지자로 왔다 갔다 하는 관광버스가 있으면 백발백중 묻지마 관광이다.

버스 안에서 음악 크게 틀어놓고 노래하고 춤추다가 꼭 운전기사한테 와서 한 마디 한다.

"에그 기사양반! 목마를 틴디.. 한 잔 할텨?"

아, 사고의 지름길이다.

트래블하러 왔다가 트러블 만드는 경우다.

트러블 만드는 여행은 이제 그만 자제하고!!

건전한 여행으로 마음의 휴식과 자기성찰의 시간을 가지자는 말을 끝으로

　　　공짜 강의 마칩니다!

 ************************** 여 행

여행 가이드북

남편이 여행을 떠나려는데 아내가 책을 한 권 갖고 오면서
" 여보, 차 안에서 지루하지 않게 이 책을 가져가세요. "
" 괜찮아, 여자 가이드를 갖고 가니까. "

네 이웃의 것을 탐내지 말라

어떤 사람이 장거리 기차 여행을 하는데
옆의 사람과 인사를 나누고 보니 둘은 모두 크리스챤이었다.
그런데 점심때가 되자 그중 하나가 맛있는 도시락을 꺼내
기도를 하고는 점잖게 먹는 것이었다.
옆 사람은 먹어 보라는 말 한마디 없이
혼자 먹는 게 너무한다고 행각했다.
더욱이 그는 도시락이 없어 시장기를 느끼고 있던 터였다.

"형제여! 나는 요즘 주님의 '네 이웃을 네몸과 같이 사랑하라'는 말씀이 얼마나 중요한지 새삼 깨달은바 큽니다."
그러자
"네! 참 좋은 말씀입니다.
그런데 저는 '네 이웃의 것을 탐내지 말라'는 말씀이
얼마나 귀하고 중요한 말씀인지 모르겠더군요."

미국여행객과 동남아 노동자에 대한 한국인의 반응

- 거리에서
>>> 미국인 관광객
주위에서 괜히 말이라도 한번 붙어보려고
실실 웃으며 다가서는 사람들이 많다.
특히 몇몇 학생들은 공짜로 회화공부할 기회라며
잘되지도 않는 영어를 사용하다가
"그냥 한국말로 하세요"라는 핀잔만 듣는다.

>>> 동남아 노동자
피해도 안주는데 괜히 피하려는 사람들이 많다.
심지어 어떤 아줌마들은 어린 애들에게
"저 아저씨 옆에 가지마 떼찌야" 이런소리나 해댄다.

- 기본적으로 익히는 회화

>>> 미국인 관광객

"안녕하세요" "불고기"등 여행이나 먹거리에
필요한 단어들을 주로 외운다.
쇼핑을 하러온 몇몇 미국관광객은
"값이 너무 비싸요 좀 깎아주세요" 라는 단어를
외워와 상인들을 당황시키곤 한다.

>>> 동남아 노동자

필리핀, 태국, 인도네시아 사람들이 한국에 올 때 꼭 외우는
단어가 있단다.
"때리지 마세요"
"무서워요. 경찰에 신고할거에요"
바로 이런 회화가 실제로 필리핀이나 인도네시아에선
한국에 갈 노동자들에게 가장 필요한 단어들이라고 한다.

- 주로 출연하는 TV 프로그램......

>>> 미국인 관광객

"좋은나라 운동본부"등 대부분 쇼, 오락 프로그램에
등장해서 재밌고 아름다웠던 한국에서의 추억을
웃으며 이야기 한다.

>>> 동남아 노동자

그들이 고정적 등장하는 프로그램은 정해져 있다.
"추적 60분", "PD 수첩"

 3. 다이어트

다이어트

요즘 담배 끊은 사람 많다.
매년 새해에는 담배를 팍팍 끊는데... 지금쯤 다시 피는 놈 많지?
담배 피우는 거! 건강에 치명적이다. 오죽하면 담배는 백해무익하다고 하겠냐.
그런데 더 나쁜 것이 있다! 바로 비만이다!
비만은 고혈압, 당뇨, 동맥경화 등 각종 성인병, 만병의 근원이다!
그럼 세상에서 가장 나쁜 것은 뭐냐?
뚱뚱한 놈이 담배 피우는 거다.

미국 보스턴대학 조사 결과 비만한 남자는 지능이 낮다는 결과가 나왔어요.
똑똑하고 건강하게 오래 오래 살고 싶다면 살부터 빼야 된다.

다이어트 해야 된다 이 말이지!

그런데 diet! 이거 정말 잘 해야 된다! 까딱 잘 못하면 큰일 난다.

 죽을 수도 있다 이거야!

글자를 살펴보자! 이 네 글자 속에 다이어트의 모든 것이 들어있다.

d 배가 아주 불뚝 나온 모습인데...

여기서 d가 뜻하는 것은 dress다!
많은 사람들이 옷 때문에 다이어트를 결심한다.
작년에 입은 옷 단추가 안 잠기면 살을 빼야 된다.

i 대부분의 여자들이 이런 몸매가 되길 원한다.

옛날에는 뚱뚱한 것이 부의 상징이었지만 지금은 날씬한 것이 부의 상징이다. 그만큼 건강관리를 한다는 얘기니까.

e eat! 다이어트를 하려면 일단 먹는 것을 잘 조절해야 된다!

t + + + + +! 자꾸 자꾸 먹으면서 어떻게 살을 빼겠다는 건지!

3. 다이어트

> 자기 먹고 싶은 거 다 먹고는 살이 안 빠진다! 이거는 진리야!

내가 아는 어떤 여자는 이런 말을 한다.
나는 물만 먹어도 살이 찌는 체질이예요~
그 여자 자세히 살펴봤더니 물도 무지하게 빨리 먹더라.
천천히 먹는 것! 다이어트와 건강의 기본이다.

그런데 건강과는 별개로 오로지 미용만을 위해서 다이어트를 하는 사람들이 많다. 여자들한테 어떤 때 다이어트를 하고 싶냐고 조사했더니,
3위가 아무 생각없이 수박씨 툭 뱉었는데 자기 배에 뚝 떨어질 때!
이거랑 똑같은 얘기가 몸무게 잴려고 저울에 올라갔는데 자기 배 때문에 저울 눈금이 안 보일 때!! 발톱을 혼자 못 깎을 때!

2위가 거울속에 내 몸이 다 안 들어갈 때!
이런 사람들은 점점 큰 거울을 사다가 결국에는 아예 거울을 깬다!
이 때부터는 거울 안 보고 사는 거지!

1위가 애인이 간밤에 내 꿈 꿨다고 복권 산다고 할 때!!
무슨 말이냐고? 너무 살이 쪄서 돼지로 보인다! 그것도 수퍼왕돼지!라 이기다.

여자들이 나만 보면 자꾸 만지고 싶어한다. 어쩜 이렇게 날씬하우?

어떤 다이어트 하길래 몸매가 이렇냐고 묻는다.

좋다. 다이어트 비법을 전수시켜주겠다.

비장의 다이어트 비법 첫 번째!

잘생긴 남자친구를 둬라! 남자들은 반대로 아주 예쁜 여자친구를 두면 된다.

그럼 살이 찔 수가 없다. 불안하잖아. 하루종일 쫓아다녀야지, 전화 엿들어야지.

살 찔 시간이 없다. 이 얼굴에 어떻게 잘생긴 남자친구를 두냐고?

알았다! 다음 다이어트 비법을 소개하겠다!

이번 다이어트 비법은 특히 얼굴이 보름달같아서 고민인 분들! 잘 들어라!

얼굴살 쏘-옥 빠지는 방법이다!

일단, 보증을 서라! 사업을 망할 것 같은 친구의 보증을 서라!

이거랑 비슷한 방법이 친구한테 인감도장 빌려주기!

신용카드 뒷면에 비밀번호 써서 길거리에 버리기!

전재산을 현금으로 바꿔서 카지노 가기! 이런 게 있다.

침이 바짝바짝 마른다. 그리고 당췌 잠을 잘 수가 없다!

이래도 살이 안 빠지면 내 손에 장을 지져!

우리나라 여성들 절반 이상이 정상체중임에도 불구하고 자신이 뚱뚱하다고 생각하고 다이어트를 한다!
　다이어트 시작할 때는 내가 정말 비만인가 아닌가 잘 따져보고 하란 말이다!!
　그리고 정말 꼭 다이어트해야 할 것은 따로 있다!
　"부정축재!"
　"탈세!"
　"금융사고를 비롯한 각종 안전사고!"
　"환경오염을 유발하는 자동차 배기가스!!"
　"주택난!"
　"교통체증!"
　이런 거나 팍팍 다이어트 시켰으면 좋겠다!!
　내 말이 맞아 틀려? 여러분 느낌이 옵니까? 아하~ 하나 배웠다!

　　　이상! 끝!

 ************************ 다이어트

엄마의 다이어트

단잠에 빠져있던 아침. 엄마가 요란스럽게 잠을 깨웁니다.
"성주야, 성주야!"
"왜요?"
"봐라. 살 많이 빠졌제?"
잠결에 한번 쳐다본 엄마. 배가 홀쭉해졌습니다. 잠이 다 깨더군요.
"와, 진짜네. 뭐해서 뺐는데요?"
어머니의 말씀.
"복대했다."

딸의 다이어트

딸 : 엄마 나 다이어트해야 겠어요
엄마: 무슨 소리, 니가 얼마나 날씬한데
딸 : 엄마가 책임지실 게예요?
엄마: 그럼, 장동건하고 결혼시켜줄께.
딸 : 정말로?
엄마: 물론이지, 니가 꼬셔오기만 하면…

 4. 부 자

부 자

어떤 여자 두명이 각자 소원을 빌었데요.
첫 번째 여자는... "저는 세상에서 제일 똑똑한 소리를 많이 듣게 해 주세요"
그랬더니 화장실에 갈때마다 사람들이 "똑똑 똑똑..."
수도꼭지에서도 물이 "똑똑...."
시험만 쳤다 하면 "똑" 떨어지고....
두 번째 여자는 이렇게 소원을 빌었데요.
"사람들의 손가락질을 받아도 좋으니까 저는 큰 소리 치는 부자가 되게 해 주세요" 그랬더니 버스의 부자가 됐데요.
"손가락질 받는 부자~빼..."

자, 오늘 얘기는 부자! 입니다

"富者"

부자란 돈이 많은 사람들입니다.
근데 돈만 많은게 아니라 일 이 삼 사... 이게 많은 사람들이 더라구요.

```
1, 2, 3 ...
```

첫 번째,

1 (1) 남들보다 부지런합니다. 그래서 할 일이 많아요.

일을 찾아서 합니다. 없는 일도 만들어 합니다.
북한에선 괜찮습니다를 "일없습네다" 이렇게 말한다죠? 그래서 북한엔 부자가 없는 거예요.
북한은 온 국민이 똑같이 평등하잖아. 평등하게 가난하죠.

2 (耳) 귀이... 귀를 열어 놓고 듣습니다. 부자들은 남의 말에 귀를 기울입니다.
가난한 사람은 말이 많아요.... "사장님, 이거 말도 안됩니다. 너무 월급이 부족하구요. 작업 환경이 안좋구요. 딴 회사에 비해 복지조건이 안좋고..."
하지만 부자들은 입을 열기보다 귀를 기울입니다.
"음...그래요? 음....그렇군요. 아...네...."
그리고 딱 한마디 하죠. "딴데 가 보세요"
그리고 부자들은 귀를 열어 놓고 뉴스 정보에 빠릅니다.
"음... 나스닥의 상승세에 따라 코스닥도 동반상승하며 후반기 우리나라 경제는..."
가난한 사람은 연예오락 정보에 빠릅니다.
"누가 K양 때문에 헤어졌다더라... 그게 글쎄 눌려서 터졌데요..."

3 (삼)....삶. 삶을 즐깁니다.

가난한 사람들은 왜 파도가 높으냐... 왜 바람이 많이 부냐... 왜 나에게 이런 널빤지 하나만 주느냐. 불평 불만을 합니다.
그러나 부자들은 그 높은 파도에서 널빤지를 이용해 써핑을 즐깁니다.
설핑 유에스에이~.
어떤 상황에서도 그 삶을 즐긴다 이거예요.

4 (사) 사당오락 四當五落

옛날에 4시간 자면 붙고 5시간 자면 떨어진다는 말이

있어요.
누구에게나 24시간은 똑같아. 근데 부자들은 4시간만 자고 일을 하니까 20시간이 주어지는데 가난한 사람들은 12시간을 자고 낮잠을 4시간을 자니까 하루 8시간 뿐이라 이거야.
부자는 이렇게 말하죠. "어? 벌써 일요일이네..."
가난한 사람은 "어? 벌써 월요일이네..."

5 다섯 개의 'ㄲ'

부자들에게는 5개의 ㄲ 이 있어요.
넘치는 **끼**,
맺고 끊는 것이 확실한 **깡**,
사람들과 잘 어울리는 **끈**,
시간 약속을 잘 지키는 **꼭**,
미래에 대한 확실한 **꿈**.

가난한 사람들에겐 5개의 ㄸ 가 있어요.
친구들끼리는 안놀아줘서 **따**,
몸은 관리를 안해서 **뚱**,
잘 씻지 않아서 **때**,
맨날 실수만 계속해서 **또**,
항상 골 때리는 소리만 해서 **띵**.

부자들은 저축부터 하고 소비를 합니다. 그래서 통장이 다섯 개가 넘어요.
 가난한 사람들은 소비하고 남은걸 저축해. 그래서 통장이 하나야. 그것도 마이너스 통장

 부자들은 입고 다니는 것도 검소하게 입고 다닙니다. 가난한 사람들이 오히려 내용보다 겉치레를 중요시합니다. 그래서 입고 다니는 옷도 명품이나 브랜드 아니면 안 입어요.
 진짜 브랜드도 아냐... 알고 보면 다 짝퉁이야.
 나도 사실 짝퉁이에요. 도올 짝퉁이잖아.

> **노블레스 오블리제, noblesse oblige**

 노블레스 오블리제(noblesse oblige), 고귀한 신분에 따르는 도덕적 의무와 책임을 뜻하는 말입니다.
 부자들도 돈 많다고 자랑하고 위화감 조성하고 그러지 말고 사회적 의무에 충실해야겠습니다.

돌웃음 ************************ 부자

부 자 <연변 사투리>

저희 압구정에서는~~ 10억원 미만의 부자들은
고조 쪽팔리서 얼굴도 못들고 다님다.

고조 30억원이상쓱은 되아야 아... 조고이 돈좀 뿌리갔구나
함다.
만원짜리도 돈이라고 쓱쓱 써대는거 보면 적잖이 귀엽슴다.

50억 가진 부자들 아파트 가보셨슴까?
안방에서 건넌방 갈라치면 고조 킥보드로 한참 굴려야 갈 수
있슴다.
목욕탕은... 고조 목욕탕이라고 부르지도 않슴다.
욕조안에 들어가서 자유형에서 배영, 평영까지 하다가 대가
리 내밀면 아즉도 나갈라면 멀었슴다.

스킨스쿠버장비는 갖추어야 고조 힘 안들이고 헤엄칠 수 있슴다.

80억가진 부자들 보셨슴까?
갸들은 벤츠, 비엠떠블유아니면 차로 쳐주지도 않슴다.
갸들 집앞에 어쩌다가 SM5 주차되어 있으면 아~~ 오늘 과외교사 오는 날이구나~ 함다.
고조 가끔가다 프라이드가 미친듯이 주차되어 있을 때도 있슴다.
고롤 땐 너무 놀라지 마시라요. 중국집에서 깐풍기 배달온검다.

압구정 현대백화점 가보셨슴까?
명품매장마다 쏙쏙 알부자들이 박혀있는 것이~~~ 아주 재밌슴다.
고조 불이야~~~~~~~ 소리한번 지를라치면 매장마다 억! 억! 거리면서 튀어 나오는거시 아주 볼만함다.

어릴적이었슴다!
벌건 대낮에 갑자기 하늘이 어두워지는 것이었슴다!
그러더니 하늘에서 눈도 비도 아닌 것들이 시커멓게 쏟아지는 것이었슴다!
전 지구의 종말이 온 줄 알았슴다!
아니었슴다!!
그것은!

1000억원짜리 부자들이 그날 쓰고 남은 돈을 아파트옥상에서 500백원짜리로 바까서 마구마구 뿌리고 있는 것이었슴다!!!!!
!!!!!!!!!!

 5. 남과 여

남과 여

이 세상에는 두 가지 종류의 인간이 있다! 여자와 남자!
남자는 흔히 관악기에 비유한다. 왜? 막히면 끝장이다..
그렇다면 여자는 뭐에 비유하느냐? 현악기다! 왜? 끊어지면 끝장이다.
몸매의 곡선이 끊어지면 그 순간 끝이다.
여자라는 동물은 현미경으로 자세히 들여다 봐야하고, 남자는 어느 정도 거리를 두고 망원경으로 바라봐 줘야 한다.
그럼 하리수는? 돋보기로 봐야 한다. 왜? 몸매가 끝내주니까!

남자는 두 종류로 나눌 수 있다! 총각과 유부남!
총각은 왜 총각이냐. 항상 총 쏠 준비가 되어 있기 때문에 총각이다.
여자도 두 종류로 나뉜다! 처녀와 유부녀!
처녀는 왜 처녀냐? 처음이기 때문에 처녀다.

요즘 유부남들은 워낙 티가 안나서 얼핏 봐서는 총각인지 유부남인지 정말 헷갈린다.
그런데 확실한 구별법이 있다!
뭐냐? 6천원으로 8억을 벌 수 있다는 이메일이 왔을 때 읽지 않고 삭제하면 총각! 뭔소린가 꼼꼼하게 읽어보면 유부남이다!
또 있다! 주 2회라는 얘기를 들었을 때 술을 생각하면 총각! 응큼한 생각을 하면 유부남이다!

처녀와 유부녀를 구별하기는 정말 어렵다. 옛날에야 비녀를 꽂아서 나 결혼했소! 했지만 요즘에는 특별히 눈에 띄는 징표가 없다 이거야.
그런데 처녀와 유부녀도 잘 살펴보면 구별법이 있다.
미장원가서 최신 유행하는 스타일, 예를 들어 장서희처럼 해주세요! 하면 처녀,
무조건 오래가게 해 주세요! 하면 유부녀다.
미장원 얘기가 나왔으니 말인데 나는 꼭 친구랑 미장원에 같이 간다.
남들은 헤어스타일 때문에 가지만 나는 머리감으러 미장원 간다.
친구 머리 감을 때 그 거품 얻어다가 내 머리 감는다.
또 목욕탕에서 수건을 몸에 두르면 처녀, 수건을 머리에 두르면 백발백중 유부녀다.
그런데 가끔 목욕탕에서 썬그라스 쓰고 오는 여자가 있다.

이런 경우 연예인이다. 그런데 연예인도 아니면서 썬그라스 쓰고 오는 여자가 있다. 이 여자는 맞고 사는 여자다.

처녀와 유부녀는 운전할 때도 차이가 난다.

운전할 때 썬그라스 쓰면 처녀, 흰장갑에 챙모자 쓰면 아줌마다.

벌이 꽃을 찾듯이 남자와 여자의 만남은 자연의 법칙이다.

남녀의 만남을 영화제목으로 풀어보겠다.

총각과 처녀가 만났다. 이건 뭐냐? **인생은 아름다워!**

총각과 돈많은 유부녀가 만났다. 이건? **스파이더맨**이다.

왜? 어떻게든 붙어 살아야 되니까.

그럼 총각과 돈없는 유부녀가 만나면 이건 뭘까? **해리포터**다.

마법의 힘이 아니면 도저히 성립이 안 되는 관계니까.

이번에는 유부남과 처녀가 만났다. 영화제목은 **벤허!**

왜? 허구헌날, 자기야! 배 넣어! 소리만 듣게 되니까.

유부남과 미성년자가 만나면 이거는 TV프로그램으로 말하자면 **추적 60분**이고 영화로 말하면 **링**이다.

왜? 양쪽 팔목에 은색 링 차게 되니까.

그럼 옥동자가 전지현이랑 만나면? **가문의 영광**이다.

전지현의 입장에서 보면? **개같은 내 인생**이다.

날씨가 많이 추워지니까 옆구리가 시렵다는 말이 실감이 난다!

추운 겨울날 남자에게 정말 필요한 것은 따뜻한 난로가 아니라 오래된 아내라고 한다.

아내든 애인이든 웬수든 간에 있을 때 잘하자!

돌웃음 ************************ 남과 여

남과 여의 변천사

- 60년대 : 장소는 여인숙이다. 남자와 여자가 알몸으로 누워 있다. 여자는 웅크리고 울고 있다. 남자는 잠시 후 씩씩한 목소리로 여자를 끌어 안으며 말한다.
"걱정 마라, 내가 너 하나 못 먹여 살리겠냐."

- 70년대 : 아직까지 장소는 여인숙. 변함 없이 여자는 울고 있다. 남자는 당당하게 여자의 얼굴을 똑바로 바라보며 눈에 힘을 잔뜩 주고 말한다.
"울지마 이제부터 오빠가 책임진다."

- 80년대 : 이제부터 여관이다. 왜? 박정희 대통령이 이뤄놓은 경제 발전 때문이다.
아직까지는 여자의 눈에 눈물이 고여 있다. 다정스런 목소리로 여자의 가슴을 끌어안고 말한다.
"오빠가 너 사랑 하는 거 알지?"

- **90년** : 이제부터 책임 기피증이 슬슬 일기 시작하는데 그 후에 엄청난 결과를 초래했다... xx장, xx모텔로 그 명칭이 바뀌었고 시설도 조금 나아졌다. 여자는 고개를 숙인 채 주섬주섬 옷을 입는다. 그 옆에서 남자는 걱정스런 목소리로 묻는다.
"너 피임약 먹었지?"

- **1997년 직전** : 이때부터 여자들의 목소리가 커지기 시작. 장소는 교외의 러브 파크, 러브호텔 등으로 명칭이 바뀌었다.
왜? 꾸준한 경제 도약 덕분이다. 여자는 옷을 챙겨 입고 방을 빠져나가며 누워 있는 남자에게 한마디 던진다.
"자기야 나 먼저 갈께, 폰 때려"

- **IMF 이후** : 다시 망가진 경제탓에 장소가 바뀌었다. 여관...
그리고 남자가 한마디 던진다.
"각자 내자."

5. 남과 여

6. 아 빠

아   빠

여러분 집안의 가장은 누굽니까?
그럼 여러분 집안의 가장 짱은 누구입니까?
가장은 아버지인데 가장 짱은 아이들입니다.
오늘의 주제는 아빠!! 아빠, 오 불쌍한 우리 아빠!!

아버지를 영어로 하면 FATHER!

HER   남자는 여자가 있어야 아버지가 될 수 있다.
무슨 말인지 몰라요? 여기기 애를 낳아줘야 아빠가

되는 거예요.

FAT　　아빠들은 거의 다 뚱뚱해요.

FA 따~! 한국의 대표적인 아버지상은 따~! 최불암이다 이거지.

F 요즘 가정에서 아버지의 위치를 알 수 있다. F라 이거다.

그런데 아빠를 Dad라고 부르기도 한다.
왜 데드냐? 자식들이 크면 클수록 아빠한테 자꾸 대드니까.
그리고 언젠가 아빠는 Dead하기 때문에... 그래서 데드다!

어렸을 때는 아빠, 아빠 부르다가 나이가 들면 아부지~ 이렇게 부른다.

힘없는 우리 아빠들의 속마음이 이 말 속에 담겨 있다.

| 아부지! 我不知! | 나는 아무것도 모른다 이거다.

집안이 어떻게 돌아가는지... 아들놈이 무슨 짓을 하고 다니는지 도무지 알 수가 없다. 왕따다. 돈벌어주는 기계 그 이상은 아니다.

6. 아빠　**57**

우리 아버지들이 왕따라는 것은 노래를 봐도 알 수가 있다.

아버지를 위한 노래는 고작해야 "아빠의 청춘", "아빠와 크레파스" 이런 것 뿐이다.

아빠의 청춘을 보면 박영감은 구두쇠로 나온다.

아빠와 크레파스를 보면 한손에는 크레파스를 사가지고 오셨다고 한다.

이거를 봐도 우리 아버지들의 가정내 위치를 알 수가 있다.

"아버지 = 돈" 이다 이거지.

집에 올 때는 뭐든지 하나 사가지고 들어가야 대접을 받고 아무것도 안 사가면 구두쇠라고 욕한다.

그럼 진정으로 아버지를 위한, 아버지가 주인공인 노래는 없는가?

있다! (숨바꼭질 후렴부 노래) "아~빠빠빠빠~"

요즘에는 한 집 건너 한 집은 기러기아빠 신세다.

애들 공부시키러 외국에 보내고, 와이프까지 애 뒷바라지 보내고 아빠 혼자 남아서 돈을 번다.

애들은 햄버거에 스테이크 먹고 있을 때 기러기 아빠는 혼자 라면 끓여서 밥말아 먹는다.

기러기아빠 말고도 이 세상에는 여러 종류의 아빠들이 있다.

고니아빠! 엄마가 샤워만 하면 무조건 곤히 자는 척 하기 때문에 고니아빠!

권위적인 아빠! 해오라기 아빠도 있다!

이 아빠의 특징은 뭐든 해오라는 것이다.

밥 해 와라! 공부 잘 해 와라! 노래 해 봐라!
그리고 만날 우는 나약한 아빠도 있다! 부엉이 아빠!
부 엉 이! 아빠가 엉엉 운다 이거지!
그럼 술먹고 우는 아빠는? 수리 부엉이아빠!

군사부일체! 예로부터 나랏님, 스승, 부모는 동격이라고 했다. 이거 정말 맞는 말이다. 요즘 애들도 이 말은 아나 보다. 군사부일체! 아주 잘 실천한다.
선생님이나 아부지가 이름을 불러도 대답을 안 한다.
대통령이 불러도 모르는 척 하는 애들이 대신에 노통장이 부르면 번개같이 달려간다. "싸인해 주세요"

나이에 따라 아버지를 생각하는 태도가 다르다.
다섯 살 때! 뭐든지 할 수 있고 뭐든지 다 아는 척척 박사가 바로 우리 아빠다.
그러다가 한 스무살이 되면 "아, 스포츠카 하나 뽑아주지~"
그러다가 마흔살쯤 되서 자기 자신이 아버지가 됐을 때는 이런 생각을 한다.
"조금만 더 사시지..." 후회를 한다.

언제나 느티나무 같으셨던, 늘 잔잔한 미소로 자식들을 믿어 주셨던 우리의 아버지! 오늘따라 유난히 그 분이 너무 보고 싶습니다.
자, 그 분을 생각하면서 우리 다같이 불러보겠습니다.
어머니~!!

6. 아빠

아빠

재수학원에서 있었던 일입니다.

오늘 사탐 선생님 한 분께서 수업 도중 갑자기 이런 말씀을 하셨습니다.

"내가 교사로서 처음 발령받아서 간 곳이 시골(지명이 기억이 안남)인데, 거기서 한 녀석이 적은 부모님 직업란이 내 아직도 잊혀지지 않아서 말해줄게. 그 녀석 부모님이 종사하시는 일이 뻥튀기 과자 만들어서 시장에서 팔고 하시는 분이셨는데 이 녀석이 뭐라 적었는지 아나?"

"모르겠습니다!"

그러자 선생님께서는 칠판에 다섯 글자를 적으셨고 교실은 뒤집어졌습니다.

"곡물팽창업"

아빠가 대답하기 곤란한 질문

5위 : 아빠! 난 어디에서 나왔어?

4위 : 아빠! 아빠는 왜 맨날 집에서 TV만 봐?

3위 : 아빠! 우리는 왜 할머니랑 같이 안살아?

2위 : 아빠! 이 수학 문제 답이 뭐야?

대망의 1위!!
아빠! 우리나라 국회의원들은 왜 이래???

7. 책

책

책! 영어로  이지?

책이란 것은 교과서든, 만화책이든 잡지든 BO(보)면 뭐든지 OK!

책을 많이 읽다보면 인생을 알게 되고, 세상에 도통하게 된다.

그래서 오늘 이 시간에는 책과 인생! 책과 연애에 대해 논해볼게요!

사람들은 늘 **표지에 잘 현혹된다**. 그런데 사람이나 책이나 표지 현란한 것 치고 내용 괜찮은 것은 없다. 또 어떤 책은 몇 년 지나서 표지만 바뀌어서 다시 나와. 새로 나온 책인가 싶어서 사보면 그게 그 책이야.

여자도 그런 여자가 있어. 얼굴전체를 성형수술 하고 다시 나타나지.

그런데 만나보면 그 여자가 바로 그 여자다.

책 표지가 맘에 안 들면 포장지를 씌우는게 낫다. 그래서 여자들이 화장을 하나봐.

어떤 책의 경우에는 **밤을 새기도 해요**. 그런데 어떤 책은 **무조건 자고 싶어!**
그리고 꼭 책이나 사람이나 꼭 내꺼라고~ **침 묻히는 사람**이 있어요.
책과 연애! 둘 다 접하기는 쉽지만 나한테 **딱 맞는 것을 만나기는 쉽지가 않다**.
그런데 정말 나한테 좋은 책을 만났다. 그런 경우 책은 읽고 나서 친구한테 권해주기도 하지만 여자는 그러면 큰일난다.

책을 읽을 때 어디까지 읽었는지 알 수 있도록 표시하는 것을 **책갈피**라고 한다.
이거 양다리 걸치는 바람둥이들한테 꼭 필요한 기능이야.
내가 미자한테는 어디까지 진도나갔는지, 영숙이한테는 어디까지 나갔는지 헷갈리지 않으니까 얼마나 좋아.

부록! 주로 잡지에 부록이 많은데..
어떤 때는 부록이 갖고 싶어서 잡지를 사기도 한다.
하지만!! 부록이란 것은 말 그대로 부록!! 부록 좋은 책 치고 실속있는 책이 없다.

우리가 결혼이란 것을 하게 될 때도 그 사람 자체를 봐야지 열쇠가 몇 개고 집이 몇 평이고.. 재산이 얼마고 이런 부록에 너무 신경쓰는 사람 있는데.. 떼끼 놈!!

초판, 재판

... 책의 맨 뒤를 보면 초판인지 재판인지, 다 나와 있다. 그걸 보면 이 책이 인기 있는 책인지 아닌지 대충 알 수 있다. 우리 사람도 엉덩이 쪽을 보면 초혼인지 재혼인지, 알 수 있었으면 좋겠어요.

파본은 교환

해 드립니다. 이런 말이 책 뒤에 쓰여 있다.
잘못된 책은 다시 바꿔준다. 출판사에서 잘못 인쇄된 책은 회수해간다.
이걸 일명 파본회수의 법칙이라고 하는데.... 인간들도 파본이 있어요.
부정부패범, 절도, 살인범, 청소년 성범죄자. 이런 놈들은 다시 다 회수해 갔으면 좋겠어.
엄마 뱃속으로 다시 들어가서 나오지 마~

책속에 길이 있다

고들 한다. 정말 책속에 길이 있다.

> 어떻게 살아야 할지 인생의 지침이 책속에 있다고 그래요.
> 지금 내가 무얼 할 것인가 고민하는 분들, 책 한권만 잘 선택하면 인생의 방향점, 나침반이 될 수 있습니다.

앞으로 신인가수들은 데뷔전에 단테의 책을 꼭 읽어라. 왜? 단테의 **신곡**!

우리 출연자 김구라씨, 얼마전부터 김동인의 소설 **감자**를 무지 열심히 읽더라.

그러더니 지금 봐라, 개그의 **감잡**았다.

김제동에게는 내가 특별히 권해주고 싶은 책이 있어요.

인형의 집!! 왜 인형의 집이냐고? 지은이가 바로 **입센**이야 입센!!

입센을 닮아서 이 세상에서 가장 말 잘하고 **입이 센** 사람이 되길 바란다.

그리고 후배 김지선이한테는 **복카치오**를 권해주고 싶어요.

왜? 우리 신랑이랑 깨소금 많이 **볶았지요~** 하며 잘 살으라고..

옛날에 어떤 남자가 어떤 여자를 만났는데 헤어질까 말까 고민했답니다.

그 순간 책속에 길이 있다는 말이 생각나서 **주식투자책**을 딱 폈더니 **무조건 투자해라!!** 이런 말이 써 있는 거야.

그래서 결혼을 했지. 애까지 낳았는데 날이면 날마다 싸우더라.

어떻게 할까 고민하다가 **테니스교본**을 폈더니 **무조건 받아쳐라**.

그래서 마누라를 무조건 받아쳤더니 아내가 가출해서 바람까지 난거야.

그래서 **농구가이드북**을 폈더니 **골밑수비에 신경써라**.

그리고 **성경책**을 딱 폈더니 **내 탓이요. 내탓이요 내 큰 탓이로소이다** 써 있더라.

그 남자는 결국 모든 걸 자기탓으로 돌리고 잘 참고 살았다.

여러분!! 옛말에 **오거서** 라는 말이 있어요. 이게 무슨 말이냐면 다섯수레 분량의 책은 읽어야 된다 이 말이예요. 요즘에는 수레가 없으니까 오거서 대신 **오톤서!**

1톤 트럭 다섯 대 분량의 책은 읽어야 된다 이거지!

오톤서를 다 읽고 나면 인생에 어려울 것이 없다!! 왜? 책속에 길이 다 있으니까!

그런데 오톤서, 육톤서를 읽었는데도 길이 안 보인다고 투덜투덜 대는 사람이 있다. 그런 경우!! **길은 길인데 막힌 길이거나 미로찾기다!**

　　공짜 강의 끝!!

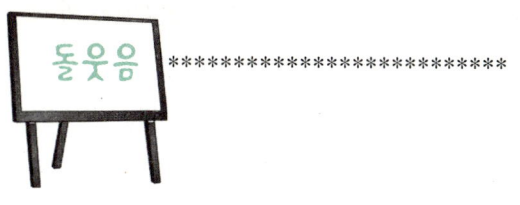

책방 아주머니

　내가 다니는 책방 아주머니는 매우 친절하시다.
　만화책이나 비디오를 한 번 빌리면 열흘 정도는 가지고 있어야 뽕을 뽑는다는 생각에...
　그동안 수많은 책방을 전전하다가 이 친절한 아주머니의 책방을 만난 것이다.
　연체료를 전혀 받지 않으실 뿐 아니라 독촉 전화를 할 때에도 '어 학생 여기 책방인데~ 책 아직 다 안 봤을까.. 미안한데 다 봤으면 좀 갖다주겠어?
　어 그래 좀 부탁해 호호. ^^*'
　정말 감동이었다. 그런 천사같은 아주머니가 있을 줄이야.
　그렇게 맘 편하게 연체를 하던 어느 날.
　책을 반납하고 뭐 볼 거 없나 고르고 있었는데...
　아주머니가 마침 독촉전화를 거셨다.

'예 책방인데요.. 비디오가 많이 늦네요. 그거 신간인데.. 아뇨 괜찮아요 그럴수도 있죠 뭐...
지금 오신다구요?? 이거 죄송해서... 예 그럼 부탁드려요~ ^^*'

책을 고르면서도 나는 감동하지 않을 수 없었다.
그런데 전화를 끊으신 아주머니 왈...
'아~ 이 새낀 제 때에 갖다줄 때가 없당게... 쑵얼...'
나는 다시 책방을 옮겼다.

책과 벗하라

공자는 항상 제자들에게
'책과 벗하라'고 가르쳤다.
그러나 제자 중에는 책을 거들떠 보지도 않고 늘 여체(女體)에만 빠져 사는 제자가 있었다.
어느 날 공자가 그 제자에게 물었다.
"어떠냐? 책을 보는 재미가 말이다."
"네 이루 말할 수 없이 좋습니다. 겉장 한장을 넘길 때마다 짜릿한 맛이 전해옵니다. 전신이 오싹해 올 때도 있습니다."
공자는 기뻤다.
"거, 기가 막힌 체험이로구나!
나도 일찍이 그런 체험은 없었는데,
네가 그런 체험을 하다니 대단한 일이로구나."
"예, 그렇습니다. 책상을 넘신 후 뻣뻣한 붓을 들고 한 중잉에 힘을 주어 꽂으면 뜸뿍 묻은 먹물이 옆으로 튀기면서 꽉 막혀오는 충동을 느끼지요.

숨이 차고 묘한 희열이 솟으면, 중천을 향해 새가 나는 듯 구름 위를 사정없이 날지요.

그 즐거움이란 무엇과도 비할 수 없습니다."

"거 참, 네가 보는 책자는 보통 것이 아닌 모양이구나!"

"네 그렇습니다. 오늘 밤도 단연코 그것과 벗할 작정입니다."

"그래! 그럼 그 책을 오늘밤 내게 빌려 줄 수 없겠니?"

" ??? "

8. 아파트

아파트

눈이 번쩍!
귀가 쫑긋!
입이 아하!
박수가 짝! 나오는 최형만의 돌강의!!
어디서 보니까 나랑 비슷한 양반이 강의를 하드라고... 그러거나 말거나... 나는 나대로 강의 들어갑니다!
자~! 오늘의 강의 주제!
아파트!!
요즘 이 아파트 때문에 속상한 분들 많지요?
몇 억씩 치솟을 때는 언제고... 재개발 안 된다고 가격 떨어지면 어떡하냐고... 올랐을 때 팔아치울걸!!
아~~ 불편하네!
나처럼 없는 사람은 아파트 한번 사 보는게 소원이야~

아파트!!

이 말을 누가 만들었는지 벌써 말 속에 고난과 어려움이 들어있어.

아파! 아파!! 얼마나 아픔이 많으면 이름이 아파~트 겠어?

우리나라에 아파트가 처음 생긴 것은 1930년! 서울 충정로 3가 250-60번지에 일본인들이 세운 4층 건물! 일제시대 우리 국민들이 그 건물을 보면서 나라 잃은 설움을 이렇게 표현했다고 합니다.

"으메 아파~!! 트!한민국!!"

집장만은 서민들의 영원한 꿈인데... 영어로 집이 뭐야?
house! hou! 어떻게? se! 세! 돈을 마련하지? 이런 뜻이 담겨있다 이거야!

집값이 없어서 고민하는 분들! 아파트 장만이 꿈인 분들! 너무 힘들어 하지 말라!!

서양의 철학자 니체가 말하기를! 왜 사는 지 아는 사람은 어떠한 고난도 이겨낼 수 있다!!했어!! 명언이지? 참고로 니체는 집이 니(네)체여! 네 개.

요즘에는 아파트가 없으면 장가 못 가! 기본이 40평이야!
남자는 아파트 장만하다가 머리가 빠져!

집없는 남자들의 영원한 애창곡!! 윤수일의 〈아파트〉자!! 본격적으로 연구 들어갑니다!!

8. 아파트

Ⅲ-윤수일의 아파트

별빛이 흐르는 다리를 건너 바람부는 갈대 숲을 지나
  별빛이 흐르는 다리를 건너 바람부는 갈대 숲을 지나....한가지가 빠졌네!

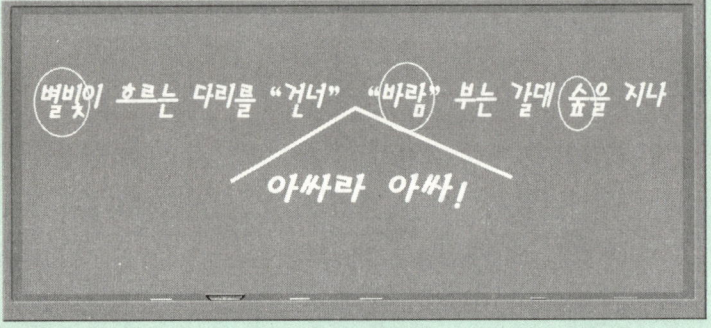

("건너"와 "바람" 사이에) 아싸라 아싸! 이게 빠졌지요!!
별빛! 바람! 숲! 천혜의 자연조건을 다 갖췄어요.
이러니 비싸지!! 특히 여기 숲!! 요즘 사람들! 도시에 숲이 부족하다 보니까 숲을
진짜 좋아합니다. 그런데 나무는 보면서 숲을 보지

못하는 사람들이 있어!

여자를 볼 때도 얼굴만 보는 남자들이 있는데.. 그게 아니야! 살다 보면 여자 얼굴 정말 별거 아니거든!! 얼굴이 다가 아니란 말이지!! 여자는 몸매야~!

언제나 나를 언제나 나를 기다리던 나의 아파트

나를 기다리는 아파트가 있다는 것은 기본적으로 재산이 1억 이상이라는 얘기!!

그런데 아파트가 몇 채 있어도 절대 시집 가면 안 되는 남자가 있어!

연애 초기에는 택시기사아저씨한테 웃돈까지 얹어주면서 집앞까지 잘 부탁드려요!!

그렇다면! 연애 중기! 가라! 난 건너가서 탄다!! 그래..

연애 말기!! 택시~목동!!

남자 한명!! 에라~ 이런 놈은 저승동무 하고 싶어!!

그리운 마음에 전화를 하면 아름다운 너의 목소리

언제나 내게 언제나 내게 속삭이던 너의 목소리

나도 한때 잘 나갈때는 아파트 몇 채 있었어! 수많은 여자들에게 전화로 사랑을 속삭이곤 했어요!!

(장난전화 변태툰) 하~~

흘러가는 강물처럼 흘러가는 구름처럼

흘러간다! 흘러가!! 여기서 내포하고 있는 뜻?

아파트가 대수냐? 그냥 세월을 즐기세요!! 지금부터 맘껏 노세요!!

세월이 빠르다는 것은 유식한 말로 광음 여류. 광음

역시, 광음 사서수, 석화 광음.
세월 부대인!! 한자로 써보라고?

```
狂飮 士暑水
미칠(광) 마실(음)
선비(사) 더울(서) 물(수)
```

여자가 술을 미친 듯이 마시면 더운물, 다시 말하면 소변을 선비처럼 남자처럼 본다! 이런 얘기!! 술은 적당히 주량껏 마십시다!!
머물지 못해 떠나가버린 너를 못잊어
오늘도 바보처럼 미련 때문에 다시 또 찾아 왔지만
아무도 없는 아무도 없는 쓸쓸한 너의 아파트
아파트가 있는데.. 쓸쓸하긴 뭐가 쓸쓸해?
진짜 쓸쓸한 게 뭔지 얘기 해 줘? 나이 마흔 다 되도록 내 집 한칸 없고...
이제나 저제나 당첨될까... 아파트 딱지 들고 서 있는 거 그게 쓸쓸한 거야!
쯧쯧.. 하는 일 없이 머리카락만 훌랑 다 빠졌네!!
아.... 불편하네!

아무튼 하루빨리 집값 안정으로 집없는 서민들 내 집 마련의 기회가 오길 바라며...

강북 강남 강서 강동 1년에 한번씩 돌아가면서 살면 어떨까!

오늘의 돌강의 끝!!

 ********************** 아파트

아파트 ^ㅇ^*´

한 남자가 새 아파트로 이사를 하여 친구를 초청했다.
친구가 들어와서 집안을 둘러보다가 큰 솥뚜껑과 망치가 있는 것을 보았다.
"이건 뭐하려고 둔거니?"
"아, 그건 말하는 시계야. 이따가 새벽에 보여 줄께."
새벽까지 술을 마시며 놀다가 친구가 다시 말했다.
"아까 말하는 시계 좀 보여 줘봐."
남자가 망치로 솥뚜껑을 시끄럽게 쳐댔다.
그러자 옆집에서 목소리가 들렸다.
"조용히 안해? 이 멍청아! 지금 새벽 두시야, 두시!"

어떤 부부가 아파트 100층에 살고 있었다.
어느 날 외출을 하려는데 엘리베이터가 고장나 있었다.
부부는 할 수 없이 100층에서 부디 주차장인 지하 5층끼지 걸어가야만 했다.

아내는 1층까지 가면 무서운 이야기를 해준다고 했다.

1층에 왔을 때 아내가,

"여보, 세상에서 가장 무서운 얘길 해 줄게."

"뭔데??"

"나, 수돗물이랑 목욕탕 샤워기 물 다 틀어놓고 왔어. 우리집 방수 될까?"

"허거걱!!!!!"

돌이 소개하는 확실히 돈 버는 방법

첫 번째, 물 좋은 놀이터를 하나 물색합니다.

강남 쪽에 부자들이 사는 동네 아파트 단지의 놀이터를 적극! 추천합니다.

두번째, 졸라 비싸보이는 세발자전거를 탄 꼬마를 하나 물색합니다.

반드시 보호자가 동반된 꼬마여야 합니다.

목표를 정했으면 머뭇거리지 말고 바로 실행하여야 합니다.

세 번째, 세발자전거 앞으로 뚜벅뚜벅 걸어갑니다.

주저없이 뒷바퀴에 손가락을 밀어 넣습니다.

비명을 지릅니다.

아마도 애엄마가 졸라 놀래서 달려올 것 입니다.

그리고 과자값을 뜯어냅니다.

9. 숫 자

숫 자

요즘 기름값이 올라서 보일러를 연탄보일러로 바꾸는 사람이 많다 이거야.

어떤 양반이 하는 말이 그럼 내 차도 어떻게 연탄으로 바꿀 수 없을까? 하더래... 차가 무슨 증기기관차야?

물가는 오르는데... 월급은 안 오르고... 이거 정말 살 맛 안 난다!

그런데 돈이 무엇이냐..? 따지고 보면 한낱 숫자에 불과하다 이 말이야!

눈이 번쩍! 귀가 쫑긋! 입이 아하! 박수가 짝! 나오는 최형만의 공짜 강의!!

오늘의 주제!! 숫자!

0, 1, 2, 3, 4, 5, 6

0 영상과 영하! 온도의 기준점!

요즘 사람들이 무지하게 좋아하는 숫자가 0!
수표에 '0'이라는 숫자가 많이 있을수록 좋아한다!
그렇다면 사람들은 0이 대체 몇 개나 붙어야 만족하고 돈에 대한 욕심을 그만둘까?
뭐라고? 100개? 100000개?
가장 만족하는 숫자는 9만 2개!
왜? 구만두개! 구만두개....... 그만두래!

1 넘버원! 최고! 일류! 영어 **I**와 비슷하다!

자기자신밖에 모르는 이기적인 숫자가 바로 1이다!

2 고개를 숙일 줄 아는 겸손한 숫자!

3 한국 사람이 가장 좋아하는 숫자!

오죽 좋아하면 내기를 걸어도 꼭 삼세판을 할까!

4 죽을 사! 비극의 숫자야! 낙랑공주. 호동왕자. 마의태자!
이름이 넉자인 사람들은 다 비극을 맞이했다!

또 있어요! 임용수형!
지금은 비극극복을 위해 노력중이야!

5 내 강의를 듣는 사람들이 늘 외치는 말이야! 오~!

예쁜 여자를 볼 때도 이렇게 외치지!! 오~!!
그래서 나온 말이 오~ 필승 코리아!

6 6은 탄생의 숫자! 666! 이것이 의미하는 것은?

악마? 아니다! 이것은 임산부 3명이 걸어가는 모습이다!
생각을 바꾸면 기분이 상쾌해!!   **666**
근데 왜 6까지만 하냐고? 7도 듣고 싶다고?
내 말이야~~

숫자 얘기가 나와서 말인데.. 요즘에는 TV에도 숫자가 나온대!
동그라미에 12가 있을 때도 있고 15가 있을 때도 있어!
12시 넘어서 찐한 영화할 때는 19가 나오더라고!
내가 이렇게 강의하고 있는 지금,
여기 내 머리는 아무것도 없단 말이야!
그런데 내가 이렇게 배꼽을 보이면? 12세 이상!

이렇게 웃통을 벗으면 15세!
바지를 벗으면 18세 숫자가 뜨겠지?
그럼 내가 여기서 팬티까지 벗으면? 하~ 그거는 방송불가라 이말이야~

인생은 숫자로 다 풀린다고 했는데... 2+2=4 이게 무슨 뜻이냐!
남자와 여자가 이해에 이해를 거듭하면 사랑이 된다!!
남자들 특히 잘 들으란 말이야! 그럼 ３ １ ４ ２ １ ０ ５! 이게 무슨 뜻이냐?
남자의 삶에서 일도 중요하고 사랑도 중요하단 말이야!
그렇지만 이 세상 열심히 살다 보면 오~~ 해피데이!! 이런 날이 꼭 온다!

이번에는 여자들 잘 들으란 말이야!! 똑바로 잘 들어!
０ ７ ５ ６ ３ ４ ７ ** !
이게 뭐냐? 내 전화번호다!!
밤 11시부터 새벽 2시까지! 아무 때나 전화하면! 오~~ 해피데이!
전화 꼭 해!!

　　　오늘의 공짜 강의 끝!!

9. 숫자

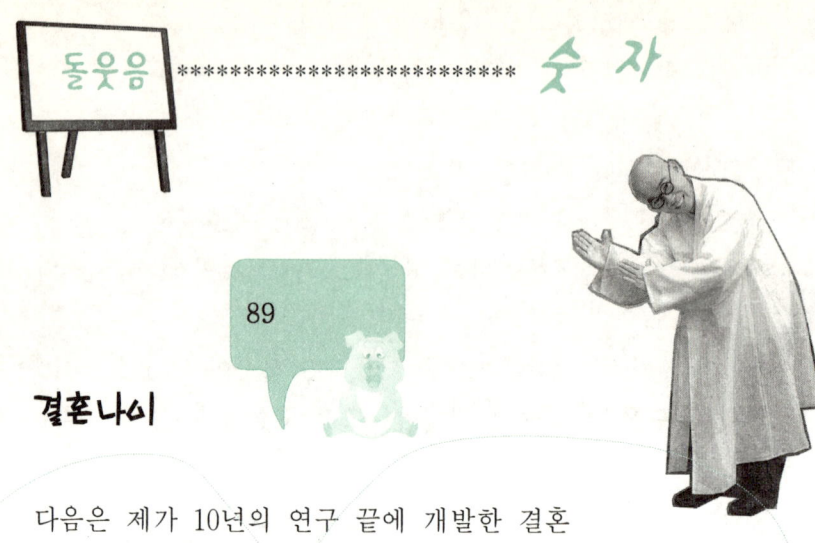

결혼나이

다음은 제가 10년의 연구 끝에 개발한 결혼 나이 산출 공식입니다.

1. 자신이 가장 좋아하는 숫자를 1~9까지 중 하나를 선택한다.
2. 결혼해서 자기가 갖고 싶은 자녀의 수를 1번의 수와 (+) 더한다.
(만약 두자리의 숫자가 되면 각각 자리수를 더해서 한자리로 만드세요.
예〉 9+3=12 의 경우, 결과물 12로 다시 1+2=3 처럼 한다.)
3. 이렇게 만들어진 숫자에 3을 곱한다.
(여기서도 두자리 숫자가 나오면 각각 자리수를 더해 한자리로 만드세요. 위와 동일한 방법)
4. 그리고 나온 수에 6을 곱하고 또 두자리가 나오면 위와 같은 방법으로 한자리수로 만드세요!

5. 나온 수에 21세기를 의미하는 21을 더하세요.
6. 그 수에 여지껏 살면서 키스한 이성의 숫자를 (-)뺀다...
7. 그렇게 나온 수가 자신의 결혼 적령기랍니다...

참고로 저는 이렇게 계산했더니 89살이 나옵니다. 저 그때 결혼할거예요.

- 핸드폰 숫자로 노래 연주하기

리듬에 맞춰서 다음 숫자를 눌러 보세요~

1. 학교종 ; 99##993 99332 99##993 93231

2. 개나리 ; 93939#3 3931232 93939#9 *321231

3. 주먹쥐고~ ; 33211 22 321 99633 21231 33699 ## 963 33699 ##9 33211 22 321 99633 21231

4. 무엇이 무엇이 똑같을까~ ; 139 139 ##9 666 333 2221

5. 퐁당퐁당 돌을 던지자~ ; 1233 139#9 1233 139#9 #93 #93 2212 399 ##9# *** 99 321 2313 999 236 321

6. 따르릉따르릉 비켜나세요~ ; 399 399 ##### 9999 6666 33333 3999 399 ##339 6666 3333 22991

7. 잘자라 우리아가~ ; 363 2121 166 69#9 215 215 6 3

    3 6369 ####9#* 9 9 9969* 9#9 3692..

8. 떳따 떳따 비행기~ ; 9878999 888 999 9878999
   88987

9. 텔레토비

   9939~~ (보라돌이~~) #6~~ (뚜비~~)
   93~~ (나나~~) 1~~~ (뽀오~~~)
   9939~~ (텔레토비~~) ##6#~~~ (텔레토비)

쪼매 유치하다고 느끼시나요?
그러나 지금 당신은 핸드폰을 들고 숫자들을 마구 마구 누르고 입으로는 노래를 흥얼거리고 있을 겁니다.
맞죠?? ^ ^
그러는 님의 모습이... 웃기잖아요... ㅋㅡㅋㅡ.

10. 꽃미남

꽃미남

요즘 뭐든 꽃자 붙이는 게 유행이야!
꽃미남, 꽃처녀, 꽃미소, 꽃뱀, 꽃등심! 그래! 등심은 꽃등심이 제일로 맛있지!
꽃등심 1인분 120g에 19,000원! 없어서 못 파는 게 꽃등심인데…
그런데 꽃등심이 제아무리 맛있어도 꽃미남한테는 당해내질 못해!

꽃미남의 대표적인 인물은 송승헌, 배용준, 안정환, 이재원…. 이다 이거야.
이름만 들어도 필이 꽂히지?
꽃미남의 3대 조건은 우선 깨~끗한 피부와 갸름한 얼굴형, 그리고 깎은 듯한  외모가 있어야 돼!

그런데 시대 잘 타고나서 꽃미남이지! 옛날같으면 기생오라비야!

꽃 미남들이 좋아하는 작용이 있다! 뭐냐하면 바로 광합성 작용!
이게 뭐냐면 미칠 광(狂), 모일 합(合), 성 성(性)
다시 말해 남성여성들이 미치게 모이는 곳!! 나이트클럽이다 이거야!
광합성을 하는 데는 세가지가 필요하지? 물! 이산화탄소! 빛!
나이트 클럽은 '물'이 좋아야 돼! '이산화탄소'는 담배, 스모그다 이거야!
빛은 유흥비로 탕진한 카드 빚이다 이거지!

담배연기에 카드빛에 갈수록 삭막해 지는 이 시대에 사람마다 자기한테 어울리는 꽃 한송이씩 들고 다니면 어떨까!
정치를 하는 사람들은 접시꽃이다. 왜냐? 접시는 깨지기가 쉬워.. 정치도 마찬가지야 잘못 다스리면 깨져버린다 이거야.
또 불조심 기간에는 데이지꽃을 줘야 돼... 불조심 안하면 데이지...
공부하는 학생들에게 알고 모르는게 중요해... 그래서 아네모네 꽃!
성형수술을 밥먹듯이 하는 사람들에게는 수선화!

그렇다면 바람둥이한테 어울리는 꽃은? 해바라기! 왜냐? 씨가 많으니까!

나한테도 어울리는 꽃이 있다!

나 뿐 아니라 설운도, 이덕화도 이 꽃이 참 잘 어울린다! 민들레!

머리둘레가 민둘레니까!!

내가 자꾸 꽃 얘기를 하니까 지지리도 못 생긴 옥동자가

나도 꽃미남이 되고 싶은데 어떡해야 되냐? 이렇게 묻더라!

가르쳐 준다! 옥동자가 꽃미남 되는 법!!

여러 방법 중 가장 확실한 방법!! 얼굴에 돈을 써라!!

이 세상에 돈으로 안 되는 게 뭐가 있냐 말이다!

뭐? 옥동자 얼굴은 그래도 안된다고?

쩝.. 맞다. 그건 대머리에 머리핀 꽂는 것보다 더 어렵다!!

하지만 꽃미남 못 된다고 너무 좌절하지 말라 이거야!

옛 선조들이 잘난척하기 좋아하는 꽃미남에게 남긴 한 마디가 있다!

花無十日紅! 제 아무리 붉은 꽃도 열흘을 못 간다는 뜻인데 풀이해보면,

아무리 잘 생긴 놈도 100살까지는 못 산다 이거야!!

　　　오늘의 공짜 강의 끝!!

돌웃음 ************************ 꽃미남

재미있는 법률상식 테스트

문) 미혼인 여자가 미혼의 남자를 혼인을 빙자하여 간음한 경우 어떤 처벌을 받는가?
㉮ 혼인빙자간음죄
㉯ 강간죄
㉰ 사기죄
㉱ 여관비 일체와 교통비 제공

◆ 답은 ㉱이다.
㉱ 현행법상 혼인빙자간음죄의 객체는 부녀로 한정 되어 있는 바, 여자가 아무리 혼인을 빙자하여 남자를 간음 하였다고 해서 법률적 처벌을 받을 수는 없다.

♧♧ 최영만의 돌강의 ∽

그러나 법률적 판단은 논외로 하더라도 분명 위와 같은 사안은 대다수 남성들에게 호의적인 사안이 아닐 수 없으므로 당연히 여관비 및 교통비 제공뿐만 아니라 그에 따르는 기타 비용 등을 모두 제공해 주어야 함이 상당하다.

문) A녀는 동거남 B를 외면하고 꽃미남 C와 잠자리를 했다. A녀가 받을 수 있는 처벌은?
㉮ 간통죄
㉯ 간음죄
㉰ 사기죄
㉱ 때려죽일 죄

◆ 답은 ㉱이다.
㉱ 현행법상 간통죄는 법률혼에만 국한된다. 따라서 A녀는 법률적 처벌을 받을 수 없는 바, 당사자 B가 직접 자력구제 차원에서 A녀를 벌할 수밖에 없다.
자력구제의 수단으로는 쓰레빠로 뒤지게 패는 방법과 팬티로 목조르기 방법을 권유하는 바이다.

11. 자동차

자동차

돌선생의 공짜 강의!!

내가 왜 돌이냐... 우리 스승님 말씀하시기를, 너는 삼위일체가 뭔지 아느냐?

모른다고 했더니 나더러 돌 두 개를 들고 있으래.

그랬더니 <u>삼위일체</u>다 이거야!! 그 때부터 내가 돌이 되었단 말이지~

머리돌하고 돌 두개, 모두 돌이 세 개가 나란이 있으므로.

공짜 주제 들어가기 전에 수수께끼 하나!

아침에는 네발, 점심에는 네발, 저녁에도 네발!

이게 뭐냐? 사람이다!! 왜? 어릴 적에는 네발로 기어다니고 청년이 되면 바퀴 네 개 자동차 타고 다니고, 그 다음부터는 계속 차 타고 다닌다.

이 말이지! 오늘 강의 주제는 자동차!!

자동차의 종류는 크게 두 가지로 나뉜다! 스틱과 오도매틱!

방청객도 스틱 방청객과 오토 방청객이 있다! 내가 박수치라고 할 때 박수치면 스틱방청객!

지들이 스스로 알아서 박수치면 오토다 이거다!

오토매틱 차량에는 기아 변속기라는 것이 있는데!
여기 써 있는 글씨는 세계 어딜 가나 똑같다! P R N D 오늘은 이 네 글자에 담긴 다른 뜻을 알아보자!

P - R - N - D

P Parking 주차 잘못하면 정말 띠본다는 사실! 기억해야 한다!
고스톱할 때도 띠를 조심해야 돼! 특히 쌍띠! 그리고 발음 주의해 따킹이야
따킹 쎄게 발음하면 지나가던 미군이 자기 욕하는줄 알아요.

R Reverse의 약자가 R인데...

우리는 일상생활에서 R이 있는 것과 없는 것을 만날 때가 있다!

박세리의 박을 영어로 쓸 때 PAK! 그런데 박찬호는 PARK!

둘의 차이는 R이 있고 없고~! 미국 사람들 참 똑똑하다!

박찬호의 박을 PARK로 쓰는 또 다른 이유?

박찬호는 텍사스 레인저스에 있기 때문이다이거야. 그리고 텍사스엔 파크, 공원이 많아요.

N Neutral의 n은 중립! 그렇다면 중립이 뭐냐?

스님이 서 있는 것을 중립이라고 한다!

그렇다면 대립은? 나같은 빡빡이가 서있는 것이 바로 대립!

요즘 앤(N) 세대들은 자기 여자친구 남자친구를 앤이라고 한다!

자동차와 앤의 공통점이 있다. 뭐냐?

음주후에 사고치는 놈들이 꼭 있다!

큰 사고 치면 평생을 책임져야 한다!

사고 치고 도망가는 놈도 있다!

D Drive! 사람 직업에 3D 업종이 있듯이 운전에도 3D

> 가 있다!
> 운전할 때는 이 3D만 조심하면 된다. 이건데!
> 깜깜한 디! 어두운 디! 무서운 디! 여기를 조심하라 이거야~

내가 요즘 자동차들을 잘 살펴보니까 웬만하면 다 〈ABS〉가 달렸더라~.

그렇다면 ABS가 뭐냐? anti-lock brake system 브레이크 밀림 방지 장치!

이걸 우리말로 하면 아뿔사~! 아따 뿌드럽게 서(사)는구만!

자동차가 많다보니까, 차와 관련된 꼴불견도 아주 많다!
차도 없으면서 자동차 키 갖고 다니는 놈!
스키도 없으면서 지붕에 스키 캐리어 달고 다니는 놈!
비오는 날 썬루프 열고 다니는 놈!
비 맞고 싶으면 나와서 맞으면 되지. 왜 썬루프를 열어 놓냐고?
오늘 이 자리에 모인 오토방청객은 이런 꼴불견이 되지 않길 말라 이거야!
그리고 마지막으로 꼭 해 주고 싶은 한 마디!
오늘도 무사히~~!!
무슨 뜻이냐고? 잘 가란 말이야!!

 ************************ 자동차

💚 자동차와 여자의 공통점 💚

- 💚 아직 대중교통 수단(?)을 애용하는 사람도 많다.
- 💚 하다가 운전자가 뒤집어져(?) 아래로 가는 경우가 있다.
- 💚 술에 취해서 하겠다고 고집부리는 사람이 어디나 꼭 있다.
- 💚 술 마시고 하면 사고(?) 발생 확률이 매우 높다.
- 💚 모르는 사람을 태워주면 위험하다.
- 💚 대학 때나 군대서 배우는 사람이 많다.
- 💚 대부분의 사람들이 구조(?)는 모르고 할 줄만 안다.
- 💚 나이 먹어서 많이 하면 금방 피로를 느낀다.
- 💚 자기 것에 만족을 느끼는 사람은 거의 없다.
- 💚 쓰던 것은 남에게 넘길 때 새 것처럼 꾸미기도 한다.
- 💚 특이한 성격의 사람들은 자기 것을 다른 사람 것과 서로 바꿔 타는(스와핑) 경우도 있다.

- 남자는 구형보다 신형을 좋아하고, 여자는 소형보다 대형을 좋아한다.
- 부드럽게 움직이는 핸들링이 중요하다.
- 터널(?)만 들어가면 시동이 꺼지는(?) 사람이 있다.
- 자기 것을 남에게 함부로 빌려주면 안 된다.
- 힘이 모자라면 언덕(?)에 올라가지 못한다.
- 처음부터 급가속을 하면 운전시간이 단축된다.
- 넘지 못할 선을 넘으면 큰 일 난다.

12. 불

불

내가 왜 돌이 됐느냐... 어느 날 배가 아파서 병원에 갔어!
초음파 검사를 했더니 담석이래~ 내 뱃속에 돌이 있다 이거야!! 그 때부터 내가 돌이 되었단 말이지~

신혼부부들이 좋아하는 불은? **이불**
택시기사들이 좋아하는 불? **따불과 따따불**
장사꾼들이 싫어하는 불? **한불**

눈치채셨겠지만 오늘의 강의는 불! 이다!
불에는 여러 종류가 있다!

> 火와 不

火 한자를 살펴보면 사람이 두 주먹 불끈 쥐고 있는 모습! 정말 성질이 났다!
이것을 영어로 말하면 anger! 앙거!
전라도 사람들 화를 삭히는 방법! 앙거! 일어서! 앙거! 일어서! 심호흡과 함께 열 번만 하면 어떤 화도 다 풀리게 되어 있다.

不 不은 카멜레온 같은 놈이라서 '부'라고 읽을 때도 있고 '불'이라고 읽을 때도 있다.
'ㄷ'과 'ㅈ' 앞에서는 부라고 읽는다.
흔히들 유부녀가 바람난 것을 두고 불(不)장난이라고 하는데 이것은 유부녀가 사랑에 빠지면 장난이 아니라는 뜻이다.

불에는 또 이런 불도 있다 $! 달러를 뜻하는 말인데!
요즘 사람들 돈 주면 못 하는 짓 없이 다 한다.
그런데 돈으로 Sex를 하게 되면 철창에 갇힌다! 이런 뜻이 있다.
그에 비해 우리 나라 돈 ₩은 얼마나 좋은 뜻이 있냐!
We는 '(=)평등하다' 이런 뜻이 있다!

12. 불 97

불 얘기가 나왔으니까 말인데 웃지 못할 해프닝도 있더라.
하루는 남자 셋이서 병원에 실려 왔다!
두 사람은 얼굴이 시커멓게 타고 한 사람은 이렇게 ✌ V자를 그리고 있더라.
왜 그렇게 된 거냐 물었더니 셋이 골프를 치다가 번개불이 번쩍하는데 철떡서니 없이 사진찍는 줄 알고 그랬단다.

방송국에도 불이 있다.
모든 남자들이 좋아하는 불 **전인火**
웃기는 불도 있다 **김미火**
어찌나 열받았는지 다 빠진 불도 있다 **이덕火**

보통 남자들을 불에 비유하기도 하는데..
10대- 성냥불! 왜? 슬쩍 긋기만 해도 활활 타오르니까.
40대- 화롯불 겉으로는 죽은 것 같지만 자세히 보면 불씨가 살아있어!
이런 남편을 둔 여자들! 기억해야 할 말이 있다!
꺼진 불도 다시 보자!
70대- 반딧불 불도 아닌 것이 불인 척 한다!

불 났을 때 사람들이 신고하는 전화번호는 119! 하나하나 구해낸다는 뜻이야!

114는? 하나하나 사소한 것까지 가르쳐 준다!

그럼 115는? 내가 사는 아파트 호수다! 언제든지 환영이다 이거야! 단 여성분만!

사람들이 말야~ 불났을 때 신고를 하면 소방차 보내주는데 돈 받는 줄 알아!

그래서 불났는데 신고 안 하고 혼자서 끄다가 머리까지 홀라당 탄다 이 말이지!

근데 소방차 출동했다고 돈 내라고 그러는 경우가 가끔 있다!

그런 경우 가수 소방차다!!

진짜 돈 받나 안 받나 궁금해서 가짜 신고하는 놈들!!

이런 놈들한테는 돈 받는다! 벌금!

불과 관련된 범죄 중에 가장 나쁜 죄가 방화죄다!

그런데 물건에 불 지르는 놈도 나쁘지만, 더 나쁜 것은 사람 마음에 불 지르고 도망가는 놈들이다!

송승헌!

장동건!

수천명의 여자들 가슴 속에 불을 지른 방화범이다!

따라서 당장 구속시켜야 된다. 이말이야~

송승헌, 장동건의 구속을 강력하게 촉구하면서~

사이버 돌의 공짜 강의를 마친다 이거야.

12. 불

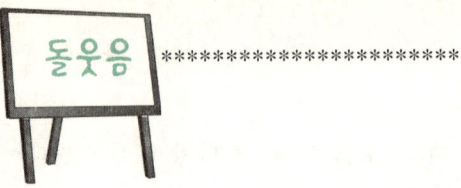

> 한 고층 건물이 한밤중에 화재가 나 불길에 휩싸여 있었다.
> 그런데 10층 창문 앞에 아름다운 아가씨가 속이 비치는 잠옷만 걸친 채 살려 달라고 외치고 있었다.
> 용감한 소방수 한 사람이 사다리를 올라가 위험 속에서 무사히 그 아가씨를 구출해냈다.
> "고맙습니다. 저를 안고 내려오시느라 무척 힘드셨죠?"
> 그러자 소방수는 고개를 흔들며,
> "아닙니다. 가장 어려웠던 점은 아가씨를 구하러 올라가기 전에 제 동료 두 명을 쓰러뜨리는 것이었어요."

13. 담 배

담 배

사이버 돌이예요! 사이비가 아니라 사이버!
내가 이렇게 담배를 피웠더니 주변에서 난리났다!
왜? 돌에서 연기 난다고!!
올해부터 방송에서 특히 드라마에서 담배피우는 장면을 볼 수 없다~!
왜냐? 국민 건강에 해로우니까~ 잘했지, 그치?

식후불연초는 일초즉사라는 말이 있다!
무슨 뜻이냐 하면 식후에 담배를 안 태우면 일초안에 즉사한다!!
애연가들은 담배 없으면 못 산다 이 말인데...
담배! 이게 대체 뭔지 생각해 보자! 담배 한갑은 二十개!
이게 무슨 뜻이냐! 담배 = + 담배 많이 피우면 병원 간다!
이 뜻이다!

그럼에도 불구하고 담배 피우는 이유!
담배는 백(百)해무익하다 했다. 또 스트레스는 만(萬)병의 근원이라고 했다!
연애 잘 못하면 억(億)장이 무너진다!
곰곰이 생각해 보니까... 담배가 제일 손해가 적더라! 백이잖아~

담배 한 대에 인생의 희노애락이 담겨져 있다!

희 독대인 줄 알았는데 쌍대일 때 기쁘지! ― 2개피 남았을 때
돈 한푼 없이 걸어가다 아주 깨끗한 장초를 발견했을 때! 그 때도 기쁘다!

노 직장상사한테 라이터불 붙여주다가 눈썹 홀랑 태워먹었을 때 벌컥 노하더라!

애 애들이 나한테 담뱃불 빌려 달라고 할 때!

락 그 무서운 애들한테 끝까지 라이터 안 빌려주는 내 자신을 볼 때 기분이 아주 즐겁다!

제주도 호텔 앞 베란다 보면 반딧불이 그렇게 많다더라..
호텔에 왠 야생 반딧불이냐고? 착각 말아라! 담뱃불이다.

남자들이 야심한 시간에 다 담배를 피우고 있다.
담배 연기 모양에 따라 그 마음을 추측할 수 있는데..
하늘로 품는 형! 하늘도 무심하시지~
땅으로 내품는 형! 휴우~ 맨땅에 헤딩을 하고 싶다!
연기를 안 뱉는 사람도 있다! 이 사람의 심리! 내가 먹고 죽자!
가끔은 여자가 나와서 담배를 피기도 한다!
아유~ 저 화상! 후~! 술이 언제 깰라나~!

담배를 끊으려고 하는데 못 끊는 사람이 아주 많다!
그건 자기 잘못이 아니다! 왜? 이런 노래 있지?

♪♪♪ 우리 동네 담배가게 아가씨는 아주 예쁘다네~ ♪

예쁜 아가씨 보고 싶어서 하루에 다섯갑씩 산다 이말이지!
그러니까 법으로 담배가게, 편의점에서 예쁜 아가씨가 담배를 파는 것을 금지해야 된다 이 말이야!
만 60세 이상 할머니들이 담배를 팔도록 법제화하면 국민 건강도 지켜지고 노인들 고용창출의 효과도 있으니 일석 이조다!

담배 이름이 너무 예뻐서 자꾸 자꾸 사게 되는 것도 문제다!
그러니까 담배이름을 무시무시한 걸로 바꿔야 한다.

편의점 갔을 때 "담배 하나 주세요!" 그러면 "뭘로 드릴까요?"

이 때 "조직폭력배 한 갑 주세요!" 이러면 어떨까.

"조직폭력배 없는데요." "그럼 순한 걸로 주세요! 양아치는 있죠?"

그리고 담배 연기 색깔에도 문제가 있다. 하얀 색은 순백! 깨끗함의 상징이다. 하얀 연기 대신 시커무레 죽죽한 연기가 나온다고 생각해 봐라! 무서워서 다 끊는다!

담배를 끊으려니까 금단현상이 무서워서 못 끊는 사람도 많다.

내 친구는 원래 바이올린을 전공했는데 담배 끊더니 바이올린을 기타처럼 치더라.

또 어떤 친구는 나더러 구준엽이죠? 이런 착시 현상 일으키는 사람도 있다.

목욕탕에서 팬티입고 바지 입어야 되는데 바지 입고 팬티입는 사람도 봤다!

그래서 담배 끊었냐고 물었더니 자기는 슈퍼맨이라더라.

영국의 유명한 소설가 마크 트웨인이 말하기를,

"세상에서 가장 쉬운 일은 담배를 끊는 일이다"라고 했다!

너무 쉬워서 자기는 하루에도 수 천번씩 담배를 끊었다는 거

야~

　한번 잃으면 다시 찾을 수 없는 건강 생각하면서 사이버 돌의 공짜 강의 끝!

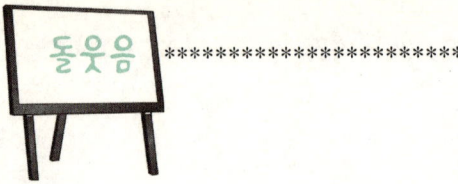 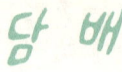

담 배

> 버스 체계가 바뀐 다음에 2~30분 기다려도 버스가 안올 때 있죠?
> 약속시간은 늦었는데... 버스 지지리도 안올 때...
> 바로 10초만에 버스를 오게 하는 방법이 있습니다.
> 1. 담배를 꺼낸다.
> 2. 불을 붙인다.
> 3. 한 번 빤다.
> 4. 버스가 온다.

담배의 10 도(道)

제1도 = 담배의 니코틴과 타르의 함량을 미리 알고 피우는 것이니 이를 지(智)라 한다.

제2도 = 친구가 양담배를 가지고 꼬드겨도 이를 과감히 무시하는 것이니 이를 강(强)이라 한다.

제3도 = 양담배 피우는 놈을 때리지 않고 말로 교화해 국산담배 피우게 하는 것이니 이를 인(仁)이라 한다.

제4도 = 부러진 담배, 꽁초를 피우지 않으니 이를 미(美)라 한다.

제5도 = 서로의 교감과 친분을 위해 자신의 담배를 친구와 나누어 피우니 이를 선(善)이라 한다.

제6도 = 양담배 피우는 놈에게 '경제를 살리자'라고 과감하게 말을 하니 이를 용(勇)이라 한다.

제7도 = 담배를 권하거나 담뱃불을 붙여줄 때 항상 윗사람을 먼저 생각하니 이를 예(禮)라 한다.

제8도 = 양담배보다 가격과 품질이 우수한 국산 담배를 구입하니 이를 현(賢)이라 한다.

제9도 = 양담배보다 국산담배가 맛과 멋에서 우수하다고 믿으니 이를 신(信)이라 한다.

제10도 = 담배꽁초를 함부로 버리지 않고 타인과 환경을 생각하니 이를 의(義)라 한다.

14. 돈

돈

오늘 공짜 강의의 주제는 돈!이다
나라마다 돈이 각각 다르다. 미국 돈은 $라고 한다.
그 이유는? 미국에서는 돈으로 섹스 스캔들을 일으키면 감옥 간다.
한국 돈을 ₩! 이거 많이 벌면 여자를 밝힌다 이거야. 더블유랑 여자랑 무슨 관계가 있냐고? 가슴아니냐, 가슴. ₩
일본 돈을 ¥! 여기서 일본이 경제대국인 이유를 알 수 있다.
일본의 여성들이 허리띠를 꽉 졸라매고 절약했다.
하나도 아닌 두 개씩이나 졸라맸다. 이러니 부자가 안 되고 배겨?

이 세상에는 두 종류의 인간이 있다. 부자와 나처럼 가진 것 없는 사람.
그렇다면 부자와 나는 어떤 차이가 있을까?

부자는 주로 **맨션**에서 살고, 나처럼 돈없는 사람은 주로 **맨손**으로 산다.

부자가 **쇠고기반찬** 먹을 때 나는 **소고기라면** 먹는다.

부자는 **헬스클럽** 다닐 때 나는 얼굴 **핼쑥**해서 다닌다.

또 있다. 부자들은 심심할 때 **골프** 치지? 나는 심심하면 **사고** 친다!

이 세상에 돈 싫어하는 사람 없다. 그래서 검은 돈이 판을 친다.

하지만 돈이라는 게 워낙 돌고 도니까..

돈세탁을 거치면 이게 검은 돈인지 흰 돈인지 도무지 구별이 안 간다.

그래서 말인데... 내가 제안 하나 하겠다!

사람들마다 성격별, 직업별로 돈의 단위를 다르게 사용하면 어떨까.

예를 들자면,

깡패는 깡으로 살고 깡으로 죽는다. 요즘에는 카드깡도 많이 한다.

그러니까 깡패의 화폐 단위는 **깡**이다.

도박하는 놈들은 **칩**!

비리정치인은 욕먹어도 마땅하니까 **욕**!

바람둥이 제비들은 풍! 나같은 빡빡이는 **돌**!

설날에 어린애한테 세배돈을 주면, 애가 고맙습니다. 하면서 돈만 보고도, 아, **만깡**이다!! 우리 아빠 직업은 깡패였구나. 작은 아빠는 **이만칩** 주셨네?

작은아빠는 도박사시구나.
이렇게 돈만 봐도 그 사람의 직업이 뭔지 알 수 있다.

깡이고 칩이고 간에, 요즘 사람들은 누구나 일확천금을 노리고, 부자가 되기를 소망한다.
그렇다면, 합법적으로 확실히 부자아빠 되는 방법을 가르쳐 주겠다.
일단 여자를 하나 만나야 돼! 그 여자를 진실하게 사랑하는 거다.

그리고 열달 후에 아이가 태어나면 아들이건 딸이건 간에 이름을 '부자'로 짓는 것이다. 이러면 평생을 '부자아빠'로 살 수 있다.
재벌아빠가 되는 방법도 이것과 동일하다!

그렇다면 수중에 돈이 한 푼도 없는데 돈을 융통하는 방법!
나만이 가진 비장의 무기지만 오늘만 특별히 공개하겠다!
일단, 나한테 천원만 줘 봐!! 그 쪽에 앉은 아가씨도 천원만!!
자! 잘 봐요! 여기 2천원이 있다! 눈깜짝할 사이에 나는 2천원을 벌었다.
이런 식으로 하루에 열 명한테 천원씩 얻으면 2만원!! 백명한테 하면 20만원이다!
단, 이 짓을 일주일만 하면 그나마 남아있던 인간관계가 다 깡난다.

돈은 있다가도 없는 것, 없다가도 있는 것!

돈에 집착하지 말고 정신 수양에 힘쓰자 고 하면 다들 내 욕할 거 안다.

욕심껏 벌되 제발, 개처럼 벌지 말고 정승처럼 벌 것을 당부하며...

오늘의 공짜 강의 끝!!

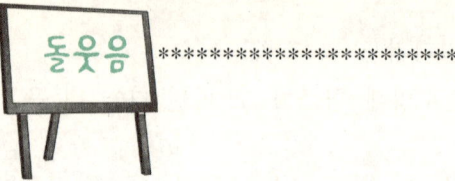

용 돈

〈질문〉
전 중1인데요.. 일주일에 용돈을 10,000원을 받아요.
근데 군것질을 하다보니 돈이 축이나요.
게다가 전 용돈의 반을 차비로 쓰는데요.
하루에 1,000원 일주일에 6,000원 들어요.
4,000원으로 써야하는데... 돈을 모아야 하거든요.
어떻게 좀 할 수 없을까요?

〈기막힌 답변〉
용돈을 아끼려면 2가지만 기억하세요.
안쳐먹기, 걸어가기
안쳐먹기, 걸어가기
안쳐먹기, 걸어가기

안쳐먹기, 걸어가기
안쳐먹기, 걸어가기
안쳐먹기, 걸어가기......

<속보>
돈 안받는 깨끗한 정치인 명단을 공개 하겠습니다.
　　......

 핸드폰

핸드폰

잠깐! 강의 시작하기 전에 휴대폰 다 꺼내 봐요!
여기 조명 좀 꺼줘요!! 휴대폰 뚜껑 열고 높이 흔들어 봐!
하~ 열렬하게 환영해 줘서 고맙습니다.
오늘의 공짜 강의!
휴대폰이다!

요즘에는 휴대폰 없는 사람이 없다.
그런데 나이에 따라 휴대폰을 사용하는 법도 가지각색이다.
10대는 휴대폰으로 게임을 즐긴다.
20대는 문자 메시지를 즐겨 사용하며 벨소리, 컬러링에 개성을 담는다.
30대는 전화번호를 입력해서 간편하게 단축키 사용을 한다.
50대는 걸려 오는 전화를 받고, 깜깜한 곳에서는 후레쉬로 사용한다.
70대 이상은 옆 사람한테 휴대폰 내밀면서 전화 걸어달라고 한다.

휴대폰 이거를 자세히 들여다 보면 인생이 담겨 있다.
남녀가 즐거운 만남을 가지는 무도회장에 비유할 수도 있다.

* 무도회장 가보면 별별 사람이 다 와있다.

\# 춤 추는 데 왔으면 춤을 춰야지.
우물안 개구리처럼 가만히 앉아있는 사람도 있다.

(자물쇠) 부킹을 받았으면 말을 해야지.. 입에 자물통 걸어잠그고 아무 말도 안 하는 사람도 있어. 그럴려면 부킹은 뭣하러 해?

(진동) 무도회장의 바람둥이들! 블루스 출 때 툭하면 휴대폰을 진동으로 놓고 웨이터한테 팁 3만원 주고 30초마다 전화 걸어달라고 부탁한다.
30초마다 부르르~ 부르르~!
떠는 걸로 여자 꼬실려고 한다.

(통화) 무도회장에서 잘 통하는 사람을 만날 때도 있다.

(확인) 그런 사람 만나면 서로의 감정을 확인하기

도 하는데...

 (취소) 만약에 바람둥이다 싶으면 당장 만남을 취소하라 이 말이야!!

 (안테나) 무도회장에는 다양한 남자들이 있다. 키 작은 놈, 보통인 놈, 키 큰 놈!!
그리고 무도회장에서 만난 여자의 전화번호를 집요하게 챙겨서 허구헌날 전화하는 놈도 있다.
"미숙이 핸드폰이죠?"
상대가 "아닌데요. 몇 번에 거셨어요?" 그러면
"한번에 걸었는데요. 메롱~"
안테나를 왜 막대로 표시하느냐...
안 보인다고 막대하지 말라 이거다!

내가 아는 어떤 유부남은 아주 심한 바람둥이다.
그런데 그 사람 휴대폰 단축키를 보면 순 남자 이름뿐이다.
신동엽!
이병헌!
차태현!
최형만!
내 이름도 있다.
동엽이는 동네다방에서 엽차 마시다가 만난 여자.
병헌이는 병원에서 헌혈하다가 만난 여자.

태현이는 태능선수촌 근처에서 현혹된 여자.
형만이는 형 심부름 가다가 만난 여자다!

이 바람둥이유부남은 휴대폰을 이용해서 여자를 꼬시기도 한다. 일단 맘에 드는 여자를 보면 옆에다가 슬쩍 휴대폰을 떨어뜨린다. 그리고 전화를 걸어서 만나는 거다.
나도 똑같은 방법으로 해 봤는데.. 휴대폰만 200개 잃어버렸다. 얼굴보고 사용하라 이거야. 자기 얼굴!!

오늘의 공짜 강의 끝!!

 ************************ 핸드폰

- 쉬쉬두면 슈용하게 쏠 수 있는 문자 메세지

항상네곁에있을께
....
시간당이만원이야
싸다그치?

커피..고카페인
콜라..저카페인
우유..무카페인
넌 ..존나페인

니가힘들어지치고
쓰러질때내가너에
게달려가서말할께
자빠졌구나

('')하늘을봐도
(..)땅을봐도
(--) (_)없더니
그래 너야(◉◉)
밥좀사줘~!

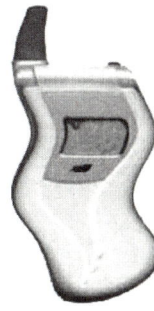

천년에한번열매를
맺는나무가있었습
니다..................
그따위나무는심지
도맙시다..

서방님께서400통
의문자를보내셨습
니다용량부족으로
세글자만 수신되었
습니다. 사랑해

15. 핸드폰

> [폰깨지는소리가
> 도착했습니다]
> 청취를원하시면창문을
> 열고,던져주세요!

> 폭탄이 배달되었습니다
> 폭탄을보시려면
> 거울을 보십시오..

> 천년에한번우는
> 새가있습니다
> 한번패봅시다
> 지가우나안우나

> -,.-
> b ~~~~~~*
> 코딱지다 받아라!

> [(^.^)] Zz
> ===U=====U=====
> 자갸 새벽에 추우니깐
> 이불 꼬~옥 덮구 잘쟈

> 고객님께서는고객
> 사은잔치100분무료통화에
> 당첨되실뻔하셨습니다^^

> 삶이지치구힘들땐
> 하늘을봐천사가말할꺼야
> ....
> ....눈까러!

 ## 16. 고향가는 길

고향가는 길

음력 1월 1일을 우리는 설이라고 부른다.
왜 설이라고 하느냐! 두 가지 이유가 있다.

舌! 이게 혀 설이다!
풀이하자면 입(口)으로 천(千)마디의 덕담을 해 주어라 그런 뜻이다.
또 하나! 이 날은 민족의 대이동이라고 할 만큼 교통량이 무지하게 많다.
고향갈 때는 설~설~ 천천히 가라고 설날이다.
오늘은 고향 가는 길에 대해 얘기하겠습니다.

우리가 고향을 갈 때 보통 고속도로를 통해서 간다.
그런데 고속도로 통행료가 왜 이렇게 비싸냐고 항의하는 사람들이 있다.

하지만 알고 보면 그게 절대 비싼 것이 아니야.
왜? 고속도로 통행료에는 주차료가 포함된 거니까!!

고속도로를 타고 고향을 가다 보면 정말 매너없는 사람들을 만나기도 한다.
길 막힌다고 갓길로 달리는 놈들!!
이런 놈들 때문에 정말 갓길로 가야 되는 비상차량들이 피해를 본다.
이 자리에서 내가 〈고속도로 갓길 통행 예방법〉을 하나 소개하겠다.
일단, 고속도로 톨게이트에서 통행권을 뽑을 때 짱돌을 하나씩 나눠 주는 거다.
그 짱돌을 가지고 있다가 갓길로 가는 차가 보이면, 일제히 짱돌을 던지는 거다.
이런 시스템을 법제화 시키면 1석 3조의 효과를 볼 수 있다.
일단, 고속도로 갓길 통행을 막을 수 있고
두 번째, 운전자들의 스트레스 완전 해결!
세 번째, 고용창출!
고용창출은 왜 되느냐? 짱돌을 전문적으로 파는 놈이 생긴다 이거야.

왔어요~ 왔어요~

단단하고 멀리 나가는 지리산 짱돌이 왔어요~~

고향을 갈 때 대부분의 사람들이 부모님 선물을 한아름씩 사 간다.

그런데 옛날에 빈손으로 고향을 찾은 아가씨가 있었다.
고향집 엄마 아빠가 "넌 왜 빈손으로 왔니?" 눈치를 주니까..
이 아가씨 하는 말이
"뱃속에 선물 넣어왔는데....엄마 아빠가 그렇게 기다리던 손주!"
시집도 안 간 처녀가 이래서 설날 아침에 고향에서 쫓겨났다.
그렇게 태어난 아이가... 바로 나예요!

설날 아침, 어른들한테 세배도 드리고 그 동안 못 뵀던 친척들을 만나면
그렇게 반가울 수가 없다. 그런데.. 반가움도 잠깐! 짜증나는 일도 수없이 많다.
자기가 처한 상황마다 짜증이 나는 일도 각각 다른데...
갓난아기! 배고파서 우는데 우유는 안 주고 고추만 구경할 때! 짜증난다.
중고등학생들! 성적 바닥인거 뻔히 알면서 공부 잘하냐고 물어볼 때.
휴가나온 군인! 작년 설날에 나오고 1년만에 휴가 나왔는데 너 자주 보인다? 너 공익이지? 물어볼 때 짜증난다.
설날 고스톱 칠 때 이때도 빠질 수 없다.
광박에 피박, 대박 내놓고 패 섞는데 옆에서 흔들었다고 애기할 때 짜증난다.
그럼 나같은 연예인은 언제 짜증이 나느냐?
친척들 다 같이 설날 특집 프로그램 보고 있을 때...

온갖 연예인 총출동한 거 보면 왠지 짜증이 난다.

가뜩이나 짜증나 있는데 조카놈이 꼭 한마디씩 거든다. "삼촌 연예인 맞아?"

이번에도 또 물어보기만 해 봐라. 조카고 뭐고 간에 안 봐준다.

오랜만에 가족 친지들이 만나는 설날! 서로 짜증나게 하지 말라 이거야!

2005년 설날에는 떡국만 많이 먹지 말고,

세상에 태어나 떡국 먹은 그릇 수 만큼 철들길 바라며...

오늘 공짜 강의 끝!!

16. 고향가는 길

돌웃음 ******************* 고향가는 길

나의 살던 고향

동문회가 있던 날에 과외가 겹친 나는 과외를 마치고 후발대로 그 곳에 가기로 했다. 느지막히 과외가 끝나서 후배에게 전화를 걸었다.
"나 지금 과외 끝났거든, 거기 어디야?"
"선배님, 여기 술집인데요. [나의 살던 고향]에 모여있어요. 빨리 오세요"
이름을 들어본 것 같기도 하고. 못 들어본 것 같기도 하고.. 길거리를 몇 분 동안 헤매다가 거리에 있는 사람을 붙잡아서 물었다.
"저, 말씀 좀 묻겠습니다. 나의 살던 고향이 어디예요?"
그러자 그 사람이 날 이상한 눈빛으로 쳐다보는 것이었다. 이게 아닌데... 다시 한 번 진지한 모습으로 "저, 나의 살던 고향이 어딥니까?"하고 묻자 그 사람이 무뚝뚝한 말투로 대답했

다.
"꽃피는 산골이겠죠."

귀성객

서울에 취직해서 생활한지 10년이 넘도록 한번도 고향을 찾지 않았던 멀구가 이번 설엔 어쩐일인지 귀성객 대열에 끼었다.

이웃에 살고 있던 달봉이가 고향에 내려온 멀구를 알아보고 깜짝 놀라 묻는다.

"아니 자네 멀구아닌가?"
"멀구지. 그간 잘 있었는가?"
"자네, 어쩐 일인가?"
"해가 서쪽에서 뜨겠네."
"제사 때도 안 내려왔잖나?"
"더구나 금년같은 어려운 설에 다 내려오다니 사람 오래 살구 볼껄세!"
"이친구, 달봉이 너무 놀리지 말게, 올해 서울 분위기기 심상치 않네. 정리해고 되면 고향에서 뭐 할꺼 없나...하고 사전답사 온거니께."

 로 또

로 또

요즘 로또가 유행이라 이거야.
오죽하면 대통령이 "맞습니다. 맞구요." 이러겠어?
1조 맞습니다. 2조도 맞구요! 다 맞습니다.
이 정도로 로또열풍이다.

누구나 로또대박을 꿈꾸지만 아무나 당첨 되나.
어떤 사람한테 로또당첨확률을 물었더니 〈폭소클럽〉에 구경하러 간 남자방청객의 옆자리에 예쁜 여자 방청객이 앉을 확률이라고 하더라.
실제로 내가 산 로또가 1등에 맞을 확률은,
'마른 하늘에서 날벼락 맞고 죽은 사람이 살아나서 다시 벼락 맞을 확률'
보다도 낮다더라. 이게 얼마의 확률이냐고? 800만분의 1의 확률이다.

그런데 이런 꿈꾸면 로또 당첨된다더라.
대통령꿈! 돼지꿈! 불나는 꿈!
내가 아는 어떤 사람이 하루저녁에 이 세가지 꿈을 다 꿨다.
그래서 있는 돈 없는 돈 그 달 월급 다 털어서 복권을 샀다.
어떻게 되었냐고?
갑자기 청와대에서 전화와서 달동네 서민 대표로 대통령 만나서 돼지고기 순살돈까스 먹었다.
그리고 바로 그 때! 집에 불이 나서 홀라당 다 탔다 이거야!
월급 날리고. 집 홀라당 다 타고...
하지만 꿈은 기가 막히게 다 맞았다!

로또 때문에 월급을 다 날리지 않나... 편의점에서 로또를 털질 않나..
이거는 로또 자체가 돈 놓고 돈 먹기식이라 그렇다.
이제 이런 로또는 그만 하고... 새로운 로또가 나왔으면 좋겠다.
일단, 애인이 없는 노총각한테는 데이트 로또!
긁어서 여자 이름이 나오면 그 여자랑 데이트 하는 거다.
만약에 긁어서 전지현이름이 나왔다! 그러면 전지현은 무조건 데이트 해 줘야 한다.
상대로 옥동자가 걸리더라도 전지현은 무조건 데이트 해 줘야 한다.
이것이 바로 **데이트 로또**야.

돈세탁, 탈세기업인이나 비리, 부정축재 정치인에게는 **마이너스 로또**를 권해주고 싶다.

마이너스 로또의 특징은 당첨금에 "-100억" "-500억"이 적혀 있는 거야!

당첨되면 무조건 내야 된다! 여기에도 꽝은 있다!

만약 꽝에 걸리면? 전재산 몰수!!

우리 연예인한테는 **출연로또**라는 게 생겼으면 좋겠다.

긁어서 나오는 대로! 무조건 출연하는 것이다.

장희빈 3회 연속 출연! 폭소클럽 10회 연속 출연! 얼마나 좋아~~

그러면 언젠가는 최형만이 "9시 뉴스" 진행도 하고,

최불암은 "TV유치원"에서 곰탈 쓰고 "파~~"하기도 하고!

생각만 해도 기분 좋아지는 출연로또!

대신 출연료는 없다 이거야!

여기사 깜짝 추첨을 하겠어요. 자기 주민등록 끝자리가...

222인 여자.

당첨되셨어요!! 나랑 결혼 당첨!!

이따가 나한테 전화 해.

돌웃음 ************************** 로 또

시험점수

> 난 재수생이다. 내 친구도 재수생. 같이 모의고사를 봤다.
>
> 친구 넘 언어, 수리, 사탐, 과탐, 외국어 모든 과목 점수가 45점을 못 넘었다.
>
> 그때 옆에 있던 또다른 넘이 그 자식 점수를 다 받아 적는 것이었다.
>
> 의아해서 물어봤다.
>
> "너 뭐하려고 이걸 적냐?"
>
> 녀석의 대답.
>
> "로또할라고"
>
> 그 녀석, 제2외국어까지 봤으면 행운번호도 적었을 텐데…

 **18.** 졸 업

졸 업

이상해... 이상해... 졸업을 왜 졸업이라고 하느냐!
이 단어가 한문인 줄 아는 사람이 많은데..
사실은 이게 한문과 영어가 합쳐진 말이예요!
卒up! 그동안은 졸로 있다가 새롭게 업시킨다고 해서 졸업이다.

졸업 얘기가 나온 김에 그 동안의 학교 생활을 인생에 빗대어 보자.

먼저, **입학**은 **탄생**에 비유할 수 있다.

사람이 살다보면 **결혼**이라는 생활료 **등교**를 하게 된다.

그런데 가끔 **별거**를 하는 사람도 있지.

별거는 뭐냐? **정학**이다.

그럼 **이혼**은? **무기정학**이지!

새로운 사람 만나 새인생 시작하는 **재혼**은 **전학**이라고 할 수 있다.

그럼 **바람**피는 것은 뭐냐? **땡땡이**!!

학교 다닐 때 땡땡이 많이 친 놈들, 이런 놈들이 꼭 바람피워!

한 평생 잘 살고 **저 세상**으로 가는 것! 이것이 인생의 **졸업**이다.

그럼 뜻하지 않게 **사고**로 갑자기 저 세상가는 것은 뭐냐?

이렇게 묻는 사람이 있다! 그런 경우는 **조퇴**다.

그런데 조퇴도 아니고 자기가 스스로 **자퇴**를 하는 사람이 있어요!

인생은 주어진 대로 열심히 살고 졸업할 때까지 최선을 다해야 한다.

내가 며칠전에 어떤 고등학교 졸업식장에 가 보니까

남학생들이 하나도 안 왔다 이거야! 여학생들만 죄다 왔다.

그래서 남학생들은 왜 안 왔나 했더니, 졸업식 노래에 문제가 있더라 이거야.

"빛나는 졸업장을 타신 **언니**께~"

얼마전까지만 해도 졸업선물로는 만년필이 최고였다.

그런데 요즘에는 달라졌다.

졸업식날 받고 싶어하는 선물 2위가 디지털 카메라!

1위가 뭐냐? 남자친구란다!

졸업식장에서 이 두가지 선물을 동시에 다 받은 여학생이 있다.

이 학생은 결국 사진사랑 결혼했다 이거야.

졸업식날 보면 학생들도 여러 종류가 있더라.

먼저 모범학생 김선생님, 그동안 감사합니다.

선생님의 말씀대로 이 사회의 거름이 되도록 하겠습니다.

약간 불량기가 있는 학생! 김선생! 그 동안 고마웠수!

아주 불량한 학생은 이렇게 말한다. 어이~ 김씨! 담배나 한 대 주슈~.

졸업식에 학교 가면 선생님들 꼭 이런 거 묻는다.

너 학교 어디 붙었니?

이런 질문에 많이들 기 죽는데.. 기 죽지 마라 이거야.

나는 당당히 말했다 이거야! 선생님! 저 **서울 법대 생물학과** 붙었어요.

선생님들이 나를 대하는 태도가 달라지더라!

그리고 약 5초후에 먼지 나게 맞았다.

아직도 이해를 못하는 구만!! 저 사람 분명히 <u>서울 법대 생물학과</u> 나왔을 거야!

법대에 생물학과 없음

졸업식장에 가면 후배들이 축하해준다고.. 이런 것을 던진다.

밀가루, 계란, 연탄재!

졸업하는 선배들은 이런 거 맞고 기분나빠 하는데...
알고 보면 다 좋은 것들이야. 왜? 나름대로 의미를 담고 있으니까.

밀가루! 먼저, 밀가루! 이거 왜 던지느냐?
하얗게! 깨끗해지라고.. 밀가루의 상징이 순백이다!

계란! 이 세상에서 노른자같은 사람이 되라!
그런데 노른자 같은 사람이 되라니까 강남의 노른자 땅을 사서 땅투기하는 놈들이 있다.

연탄재! 이거는 요즘 구하기도 힘든데... 그래도 졸업식장 가면 꼭 있어요~
연탄재는 무슨 뜻이 있느냐? 희생의 의미다.
니들이 언제 몸 뜨겁게 달궈서 아랫목을 따뜻하게 해 준 적 있냐?
연탄재를 맞으면서 기분 나빠하지 말고 희생의 정신을 배우란 말이다.

깨끗한 순백의 마음으로 이 사회에서 노른자같은 사람으로 남을 위해 희생하는 마음으로 즐겁게 살아가자 이거야!
여기 있는 모든 사람이 이 세상 졸업하고, 다음 세상은 천국으로 무사 입학하기를 바라면서 공짜 강의 끝!

 ************************

쉬신들의 졸업 논문 제목

△ 공과 계열
이순신 : 센서를 이용한 거북선 제조이론
노 벨 : 차세대 무기 '활'에 대한 연구
라이트형제 : 인간은 하늘을 날 수 없다는 것에 대한 기계학
            적 증명
한석봉 : 무조명 아래서의 떡써는 방법 연구

△ 사회과학 계열
나폴레옹 : 전시에 방위병 퇴근에 관한 국가적 손실에 관한
          고찰
마르크스 : 공산주의 사상의 허구와 피해
맹 자 : 잦은 이사가 자녀 학업에 미치는 영향

△ 경상 계열
서재필 : 독립신문 구독료 책정에 관한 시장조사
스티븐 스필버그 : 비디오 대여점의 운영과 고객관리

△ 법정 계열
뉴 턴 : 내 앞마당에 떨어진 옆집사과에 대한 소유권의 법적
     해석
제임스 본드 : 특수요원 살인면허의 정당성에 대한 검증

△ 순수과학 계열 (의과 포함)
링 컨 : 턱수염 위생적 관리와 질병예방
전두환 : 공짜와 대머리의 관계에 관한 생물학적 입증
김정일 : 굶주린 인간의 생리학적 연구(상당수의 실험대상
     확보)

△ 예술 계열
피카소 : 발가락으로 그림 그리는 법
모차르트 : 랩과 뉴에이지 음악의 이해
레오나르도다빈치 : 수묵채색화의 올바른 표현법

△ 생활과학 계열
김소월 : 진달래꽃을 이용한 꽃꽂이 방법
멘 델 : 완두콩 제대로 기르는 법

△ 농·축산 계열

나도향 : 뽕밭에 가면 님도 보고 뽕도 딸 수 있나에 대한 조사 (사례위주)

아인슈타인 : 'DHA가 들어 있는 우유' 언제쯤 만들 수 있나?

△ 체육 계열

제갈공명 : 손자병법을 적용한 철권3 끝판 깨기...

 ## 공부기술

공부기술

우리나라 사람들이 크면서 제일 많이 듣는 말.
"공부해라!"
그런데 공부라는 게 아무나 잘 하는 게 아니다.
왜냐? 공부에도 기술이라는 게 있어요. 이 기술을 알아야 공부를 잘 한다.
오늘 강의 주제! 공부기술이다.

> **공부가 뭐냐? Study!다.**
> 이 스터디라는 말 속에 공부기술이 다 담겨 있다.
>
> **S** - **애써라!** 공부는 아무도 대신 해 줄 수가 없다.
> 학생 본인이 애써야 공부를 잘 할 수 있다.
>
> **t** - 자꾸 자꾸 **더해라!** 배울 거리를 자꾸 더해야만 공부를

잘 할 수 있다.
어떤 학생은 자꾸 빼는 학생들이 있어요.
가뜩이나 머릿속에 든 것이 없는데 자꾸 빼면 어쩌란 말이야.

u - 有! 넣겨라 이 말이다. 머릿속이 U 이런 그릇이라면 자꾸 자꾸 넣어서 지식을 넣겨라.

d - drama! 공부하는 학생들은 이거를 조심해라!
드라마 좋아하는 학생치고 공부잘하는 놈을 못 봤다. 일일드라마, 월화드라마, 수목드라마, 주말드라마, 대하드라마..
이거 다 챙겨보다 보면 공부와는 땡이다.

y - You! 너한테 하는 말이야!
지금 열두시가 넘어서 한창 공부에 속력이 붙을 시간인데.....
이 시간에 티비나 보고 있고 말야! 폭소클럽만 보고 나서 TV를 꺼!

"공부기술이 있느냐 없느냐"에 따라 우열반을 나눠요.
우등생반 열등생반! 말 자체가 굉장히 차별적이어서 듣기가 아주 거북하다.
학생들의 수준에 따라 수업방식을 달리 한다는 것은 좋다 이거야.
하지만 우등생반 열등생반! 이렇게 이분법적으로 나누는 거

문제가 있다 이거야!

공부 잘 하는 놈, 조금 잘 하는 놈, 조금 못하는 놈, 아주 못하는 놈.

이렇게 개성이 다양한데 어떻게 딱 두 가지로만 나눠!

앞으로는 여러 종류로 나누었으면 좋겠어요!

새마을반! 한번 자리에 앉았다 하면 논스톱으로 4시간 쭈욱! 공부하는 학생들의 반이다.

또 새마을반 학생들보다 더 우수한 KTX반이라는 게 있어요!

이 반은 아이큐 200이상 천재들이 모인 반으로 새마을반 학생들이 4시간 걸려서 나갈 진도를 1시간만에 뚝딱 간다!

맘만 잘 먹으면 하루에 1년치 진도 다 나간다.

무궁화반! 여기는 열심히 공부하다가 가끔 쉬는 시간을 갖는 학생들이 공부하는 반이다. 가끔 왔다 갔다 하는 놈들도 있고... 서서 공부하는 놈도 있다.

비둘기반! 이반의 특징은 아주 천천히 공부한다는 것이다.

교과서 진도 한 장 나가고 한 정거장 쉬고, 또 한 장 공부하고 쉬고, 쉬엄쉬엄 공부하지만 거북이처럼 성실한 반이다.

이 반의 특징은 책걸상이 자기 것이 아니야.

쉬는 시간에 화장실 한번 갔다 오면 금새 딴놈이 앉아 있다 이거야.

그리고 마지막으로 **전철반!**

이 전철반이란.. 수시로 반을 바꿀 수 있다는 것이 특징이다.
2호선에서 영어공부하다가 하기 싫으면 1호선가서 수학공부하고, 수학공부하다 싫으면 5호선가서 체육공부하고...
지 멋대로 마음대로 이쪽 저쪽 왔다갔다 할 수 있다!

공부 기술이 있는 학생하고 없는 학생하고 척 보면 구별된다. 책가방에 책이 별로 없으면 공부기술이 있는 애다.
근데 책가방이 이따만하게 큰 애들 공부기술이 없는 학생이다.
공부기술 없는 애들은 전과목 책 다 들고 다녀!
왜? 시간표를 모르니까!

공부기술 있는 학생들은 주로 조선왕조를 꿰고 있는데 비해 공부기술 없는 학생들은 연예가 중계를 쫘악 꿰고 있다.
걸어다니는 연예인 인명사전이다.
갈갈이 박준형이 언제 몇날 몇시에 태어났고 태몽은 뭐고.. 어제밤에는 무슨 안주에 무슨 술을 먹었는지 쫘악 다 꿰고 있다.

여기 쌍쌍이 앉아있는 연인들, 학교 다닐 때 공부 잘 한 사람들이다.
왜냐? 공부 기술이 있는 놈들은 연애도 잘하거든.
공부기술 = 연애기술! 공식이 같으니까.

첫 번째! 예습복습 철저히!
두 번째! 집중적으로 꼼꼼히 한다!
세 번째! 한번 빠지면 밤을 잘 샌다!

여기서 잠깐 딴 얘기!

옛날에 어떤 꼬마가 있었는데 너무 똑똑하고 공부기술이 훌륭했다. 그런데 이 꼬마의 꿈이 대통령이 되는 것이었다.

하루는 엄마아빠가 "너 커서 대통령 되면 엄마랑 아빠는 뭐 시켜줄 거야?"

이렇게 물었더니... 꼬마 하는 말! "짜장면!"

그 꼬마가 바로 나예요~

어떤 사람들은 학교만 졸업하면 이제 학생이 아니다!
이제 공부랑은 땡이다 이렇게 생각하는데...

 학생! 뜻을 살펴보면 태어나서 배우는 게 학생이다!

공부라고 꼭 학교에서 배우는 것만이 공부는 아니다.
가수들한테는 노래 잘 하는 법을 배우는 것이 공부일 테고..
주방장한테는 음식 잘 만드는 것이 공부다.
나 같은 경우 웃기는 것을 배우는 것이 공부다.
우리가 저 세상 가는 그 날까지 자기만의 공부기술을 열심히 발휘하자 이거야!

공짜 강의 끝!!

공부 안하고 100점 받는 비결

1. 아침에 일어난다. 공부는 하지 않아도 좋다.
   다만 중요한 것은 교과서와 자습서를 챙긴다.

2. 학교에 약간 느즈막이 간다. 시험 시작한 다음에...
   가방을 복도 으슥한 곳에 숨긴다.

3. 우리 반 교실말고 딴 반에 들어간다. 글구 say!
   "저기요... 옆반에서 왔는데 시험지 남는 것 좀 있나요?"

4. 시험지 받자 마자 가방을 숨겨놓은 곳으로 튄다.
   책을 보면서 문제를 다 푼다.

5. 우리 반 교실로 들어간다. 물론 답은 머리에 입력~

다만 조금 욕 먹을 각오는 해야 한다.
"야! 이 자식이 시험 20분 남았는데 들어오냐???!"

6. 머리에 입력된 답을 답안지에 옮긴다.
   시험지 보고 약간 고심하는 듯 해야 의심 안 받는다.

7. 답안지 정상적으로 제출하고~ 시험 후 답을 확인한다.

20. 봄

봄

봄은 어디에서 오는가?
여자들 미니스커트? 응큼한 놈!!
나는 봄을 어디서 느끼느냐? 내 머리통이다!
내 머리통에도 파릇파릇 새싹이 나기 시작했어요~!!
봄!! 볼 게 많아지는 계절이라서 봄이다. 영어로는 'spring'이라고 해요!
이 스프링이라는 말 속에는 여러 가지 의미가 담겨져 있다.

ring 링! 반지를 가장 많이 끼워주는 계절이 바로 봄이다.
그러니까 봄에 결혼식이 많지!

r 반지를 끼워주면서 하는 말! 내 **아**를 낳아도~

s start! 결혼은 인생의 또다른 시작이자 행복 시작이다 이거야!
그런데 이거 잘못하면 (ring) 공포 영화 링이 되기도 한다.

p parking! 여기서 뜬금없이 왠 주차냐고?
한 사람한테 반지를 끼워준다는 것은 평생 그 사람한테 주차한다는 뜻이니까.

(ing) 사랑은 늘 진행형이어야 된다.

(ng) 그런데 가끔 NG가 나는 커플도 있다.
NG가 나면 어떻게 해?
S 다시 시작한다 이거야!
방송도 마찬가지야! NG나면 다시 시작하잖아!
뭐? NG? 에~ 봄은 영어로 spring이라고 해요~

봄에는 소개팅도 많이 하는데... 겉모습만 보고 남자 만나는 여자들이 많다.

그러면 나중에 십중팔구 후회하게 돼요. 겉모습이 전부가 아니예요.

내가 이 자리에서 어떤 남자를 만나야 되는지 가르쳐 줄게요!

음, 우선 다리미같은 남자! 이런 남자는 별로야!
왜냐면.. 빨리 뜨거워지고 빨리 식거든..
사랑은 오래 오래 지속되는 뚝배기같은 남자가 좋아.

게중에는 냉장고 같은 남자가 있어요!
이런 남자도 나중에 후회하기 좋은 남자야!
체구에 비해 기능은 무지하게 단순하거든.
내가 아는 어떤 여자는 남자를 만났는데 그 사람 코가 무지하게 컸다.
그래서 결혼을 했는데 그 다음날 남자 코를 만지면서 이러더라~
"에잉 미워~ 거짓말쟁이!"

전자레인지 같은 남자도 피해야 되는 남자다.
왜냐하면, 이런 남자는 여자 속을 무지하게 태우는 남자다.
그럼 오븐은 어떻냐고? 마찬가지다.

내가 가장 추천하고 싶은 남자스타일은 세탁기 같은 남자다.

왜냐면 코스 선택만 해주면 처음부터 끝까지 지 혼자 알아서 다 한다!

그런데 가끔 세탁기같은 남자를 만났는데도 지지리 고생하는 여자가 있다.

세탁기는 세탁기인데 수동세탁기를 만난 경우다.

일일이 빨래 돌리고 물 빼고 세탁 끝나면 짤순이에 옮겨 넣어줘야 된다.

지 혼자 하는 게 아무것도 없다. 그러니까 전자동세탁기를 만나라!

진공 청소기같은 남자도 권해주고 싶다.

이런 남자는 마음이 섬세한 스타일이다.

구석 구석~ 안 닿는 곳이 없으니까 여자들 마음이 편안해 진다.

또 핸드폰같은 남자도 괜찮은 남자다.

요즘 핸드폰, 때와 장소를 안 가리니까.

에~ 남자를 만나러 갈 때는 옷에 신경을 써야 된다.

옷 색깔에 따라 그 남자랑 잘 될 수도 있고 안 될 수도 있다.

패션 디자이너 30명을 대상으로 올 봄 여자들의 유행컬러를 조사했다. 여러분들도 잘 듣고 유행을 앞서가는 패션리더가 되었음 좋겠다.

3위는 보라색! 왜? 자꾸자꾸 보라고 보라색이 유행이다!

2위는 자주색! 왜? 자주자주 만나자고!

대망의 1위는 노란색이다! 왜냐? 노라조(놀아줘)~

봄은 시작을 의미한다. 만물이 다시 소생하는 계절이니까.
이 세상에서 가장 바보는 뭐냐?
시작도 안 하고 실패할 것을 걱정하는 사람이다.
사랑이든 공부든... 용기를 가지고 시작하는 모든 분께
행운이 함께 하길 바라며 공짜 강의 끝!

 ***************************

봄

봄이 영어로 스프링인 이유는?
스프링 처럼 통통 튀니까...
봄이 우리말로 봄인 이유는?
볼게 많아서...
여자들 다리도 봄, 가슴도 봄, 얼굴도 봄.

21. 식목일

식목일

오늘은 나무심는 날! 식목일에 대해서 얘기해 보자.
사실 난 내머리도 제대로 못심는 사람인데 이런 강의 내용으로 강의 해도 되나?
해도된다 이거야... 내 맘이니까...

산소 없이 살 수 있어요?

死, 0

산소가 없으면 죽는다!
또 4는 방위 표시를 나타낸다. 삼천리 방방곡곡 산소를 심자! 나무를 심자!
이런 의미가 담겨 있다.
4+5는 9다! 여기서 나무의 속뜻이 나온다.
나무는 세상을 구한다 그런 뜻이다.
그럼 4*5는 뭐냐? 20! 이십 이십... 자꾸 하면 이립!
논어에 보면 뜻을 세운다는 이립(而立)

나무를 심으면서 뜻을 세워보라 이거다.

사람들이 나무를 왜 나무라고 부르는지 아나?

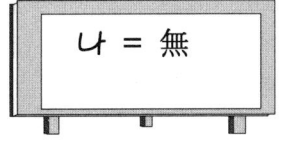

힘들게 자라서 사람들에게 좋은 공기를 나눠주고, 시원한 그늘을 주고 크게 자라나서는 자기 몸 잘라서 책상을 만들어주고, 밑둥 남은 걸로는 편하게 쉬다 갈 수 있는 그루터기가 된다.
나 자신한테는 남는 것이 하나도 없어서 나무다!
무소유의 정신이 담겨 있다 이거지.

이게 뭔지 아는 사람?
나무의 나이테다. 나무의 나이테를 알면 이 나무가 몇 살인지를 알 수 있다.
사람한테도 나이테가 있다. 바로 주름살이다.
주름살이 많고 적음에 따라서 그 사람의 나이를 짐작할 수가 있는데...
요즘에는 나이를 가늠할 수 없는 사람들이 있다.
어찌나 잡아당겼는지 나이 50에도 얼굴이 팽팽하다.
이런 사람들 나이를 알아보는 방법이 있다.
윗도리를 들추고 배꼽을 봐라.
배꼽이 가슴까지 올라가 있으면 40살,
요기까지 올라가 있으면 50살이다.
어떤 사람은 배꼽이 입술에 딱 맞게 올라온 사람도 있다.

그런 사람은 70살이다.

옛말에 못생긴 나무가 숲을 지킨다는 말이 있다.

잘생긴 나무는 나무꾼들에게 다 잘려나가고 못생긴 나무가 산을 지킨다는 뜻이예요.

에.. 여기 방청객을 보니까 그 말이 딱 맞아요.

잘 생긴 것들은 다 영화보러가고 데이트하러 가고 술마시러 갔잖아요.

식목일날, 나무 심으라고 말만하지 말고 나무를 나눠주자.

단, 친구의 특징에 맞는 나무를 주자!

내가 정말 사랑하고 인생에 보탬이 되는 친구한테는 **벚나무**를,

혼자 술 먹기 좋아하는 친구한테는 **자작나무**를,

새를 좋아하는 친구한테는 **버드나무**를,

맨날 뭐가? 뭐가? 내가 뭘 잘못했는데?

이렇게 토다는 여자친구한테는 **모과나무**를,

애기 낳고 우유 안 나와서 고생하는 우리 누나한테는 **산수유나무**를,

너무 뚱뚱해서 마르고 싶어하는 친구한테는 **마로니에 나무**를!

위 아래 몰라보고 덤비는 애들이 꼭 수양을 쌓으라고 **수양나무**를,

그리고 경상권에 사는 여자 애들한테는 **가시나무**를 선물하자!!

세상에는 여러 종류의 식물이 있다.

3~4일만에 후딱 다 자라는 버섯이 있고

또 1년은 공을 들여야 되는 호박이나 오이 같은 식물이 있다.

최소 10년 이상은 자라야 그 역할을 할 수 있는 전나무가 있다.

나름대로 가치는 다 있겠지만 버섯은 2천원 어치 사면 이만큼 준다.

얼마만의 시간과 노력을 투자해서 무엇이 될 것인가는 여러분이, 바로 당신이 정해야 합니다.

하지만 나는 버섯이 되고 싶어요.

표고버섯, 송이버섯, 느타리버섯, 이런 흔한 버섯말고…

값도 비싸고 구하기도 힘들다는 상황버섯이 되고 싶어요.

상황버섯만큼 좋은 게 없어요.

여기 저기 상황에 따라 카멜레온처럼 변하는 상황버섯!

최형만이었습니다!

21. 식목일

 ************************ 식목일

식목일

　식목일 연휴를 맞아 멀구와 탱자는 건강과 미용에 좋다는 산림욕장엘 갔다.
　평소 운동을 안한 멀구는 얼마 걷지 않아 헥헥 거리며 걸음을 멈추었다.
　그리고는 땀에 젖은 웃옷을 벗고 바람에 땀을 식혔다.
　그러자 뒤따라 오던 탱자가 멀구의 벗은 상체에 난 가슴의 털을 보고는 자기도 모르게 얼굴이 발갛게 상기되어 몸을 비비 꼬기 시작했다.
　"탱자씨, 자기도 젖은 옷이 있으면 벗어 말리지 그래."
　그러자 탱자는 부끄러운 듯 주위를 살펴보고는 아무도 없다는 것을 확인했는지 조용히 '팬티'를 벗었다.

22. 여름향기

여름향기

가을연가, 겨울동화에 이어서 여름향기까지... 드라마 재밌다 이거야.
네? 내가 틀렸다고? 아, 가을동화, 겨울연가지...
미안해요. 비슷비슷해서 헷갈렸어요.
이름도 비슷하고 주인공도 비슷하고 죽거나 아픈 것도 비슷하고...
그래서 오늘 주제는 여름향기

여름향기에는 무엇 무엇이 있을까요?
첫 번째 대표적인 향기....

> 足香
> 족향. 발 냄새야 발 냄새.

특히 남자들이 지독한데 우리나라 78% 남자들이 무좀에 시달립니다.

이건 정부에서 치료해 줘야해. 특히 국방부에서 범 국가 차원에서 치료해 줘야 한다 이거야.

왜냐하면 대부분의 무좀이 군대 생활 때 옮았거든.

국방부에서 미사일 한 대 덜 사더라도 강력한 무좀약을 개발해서 군인들에게 나눠줘야 국방력이 커진다 이거야.

총 들고 싸우다가.... 발가락 간지러워서 긁다가

윽... 총맞으면 누가 책임지냐 이거야.

그리고 어릴 때 채변검사를 범 국민적으로 한 것처럼 일년에 한번 남자들 양말을 수거해서 무좀이 있는 사람에게 치료약도 나눠주고 발가락 양말도 나눠주고 그래야 한다 이 말이야.

남자들 내 말이 맞으면 박수쳐봐...

자... 지금 열심히 친 순서대로 무좀이 심각한 거니까 애인들 참고해요.

근데 이 향기는 남자들게만 있냐? 아니다 이거야. 여자들도 발 냄새 나요.

근데 여자들은 똑똑하기 때문에 잘 커버하지.

어떻게? 실내에 들어갈 때,

신발 벗고 식당 갈 때 여자들이 먼저 들어가는 거 봤어?

아냐. 절대 여자들이 먼저 안 들어가.

남자들 들어가서 냄새 피우고 난 다음에 들어가잖아. 약은 거야 이거...

그리고 앉더라도 자리를 가지런히 모으고 손으로 꼭 잡고 있잖아. 냄새야 내 손안에 있어라... 남자들 여자 손잡고 주물럭거리는 거 좋아하지 마. 무좀 옮아.

그리고 또 다른 여름향기... 모기향.
우리 어릴 때는 작은 트럭에 하얀 연기를 뿜어내는 소독약 차가 골목길을 누볐어요. 그럼 그 뒤로 와~ 소리지르며 따라 다녔지. 엄마들도 그 연기를 맡고 오라고 시켰어.
병원 갈 돈도 없을 때니까 그래야 몸이 소독되는 줄 알고.
난 위장병이 있어서 그걸 고칠려고 마시기까지 했다니까... 흡~~
내가 제일 앞에서 뛰어다녔지. 그랬더니 이렇게 된거야. 머리 다 뽑혔다구!

그리고 둥글게 생긴 모기약 있지?
빙빙 돌아가게 만든 거... 이 모기약이 나왔는데 여름철이면 이걸 턱 하니 머릿맡에 놓고서 잠이들면 어머니가 부채로 부채질을 해 주셨지... 아...
어머니...
난 부채질이 시원치 않다고 "엄마. 1단, 2단, 강속으로 하란 말이야..."
이랬는데 지금 생각하면 엄마 팔이 무척 아팠을 거 같아...
어머니 죄송해요...
근데 난 그 모기약을 참 좋아했어. 냄새를 맡으면 어머니의 향기가 느껴지기도 하고 그 둥근 모기약을 손에 들고 빙글빙글 돌리면서 쳐다보면 머리가 빙글빙글 돌면서 최면에 걸리는 거 같아....
아!... 뽕간다... 뽕간다...

그리고 또 다른 향기...
찌릿한 바닷내음... 고등학교 때 친구들과 대천에 가서 대학생이라고 속이고 사귀었던 여자 대학생 누나가 있었지. 모래사장에 앉아서 읽어주던 그 시가 아직도 기억이 나요.
"사랑해요... 할 때는 모릅니다, 얼마나 사랑하는지
사랑했어요... 할 때야 알 수 있습니다
하늘이 내려앉은 다음에야
사랑, 그 크기를 알 수 있습니다."
가끔가다 눈을 감고 그때 그 짜릿한 바닷내음을 추억해 봅니다.
(- -) 흠... 지금도 찌릿한 바닷내음이 나는 거 같아요...
(◉◉) 누가 오징어 먹었냐? 공연 중엔 먹지 말라니까...

그리고 여름향기의 베스트 오브 베스트... 결정판... 땀냄새.
이걸 잡을래면 청결이 최고야. 잘 씻고, 잘 닦아주고, 통풍을 잘 시켜주고...
그러기 위해서는 팔을 내리고 가만히 있거나, 저기 저 아가씨처럼 팔짱끼고 있으면 냄새가 더 지독해 지는거야. 그럴 땐 날 따라해봐. 땀냄새 제거하는 체조야.
두 손을 들고... 손가락을 쭉 펴고...팔을 겨드랑이에서 떼고 힘차게 흔들면서 박수를 치는거야...

돌웃음 ************************ 여름향기

그녀의 향기

그녀와 이곳저곳을 다닐 때 그녀는 항상 너무나도 정결했다.
그녀의 몸에선 은은한 쟈스민 향기가 풍겼다.
빈틈 하나없이 단아한 몸가짐. 사뿐사뿐 가벼운 걸음걸이.
그녀는 화장실도 가지 않을 것만 같았다. 그녀는 진정 천사였다.
그녀와 이곳저곳을 다닌지 반년. 그녀의 몸에서는 더이상 향기가 나지 않았다.
냄새는 좀 났다...
어느 날 그녀의 그 행동만 보지 않았어도 난 그녀를 좀 더 오랫동안 천사라고 착각하고 있었을 것이다.
그건... 그녀가 교묘하게 코를 후비고는
그 건더기를 잽싸게 의자 뒤에 닦는 것이었다.

22. 여름향기 **161**

23.  무인시대

무인시대

옛말에 사람 위에 사람 없고 사람 밑에 사람 없다는 말이 있었어요.

근데 이게 요즘은 틀린 말이더라구. 피서철에 바닷가에 가봐도 모래 밑에서 찜질한다고 누워있고 비행청소년이나 날라리들은 신났다고 날라 다니고...

위아래 전부 사람이 있더라 이말이야. 그러니까 이 말도 바뀌어야 해. 어떻게? 이렇게...

요즘은 무인시대(無人時代)라 이거야...

글자가 틀린 거 아니냐구? 이덕화가 나오는 무인시대는 '武人'이거고...

요즘은 이게 맞어. 사람이 없는 시대라 이거야. 이게 뭔 말이냐?

첫째, 믿을 사람이 없다.

특히 요즘은 친구들 말도 믿을 수가 없어요. 금방 갚겠다고 카드 빌려가서는 수 백 만원씩 긁어 버리고 "너 나 못 믿니? 오빠 말 못 믿어?" 이래가지고 이상한데 끌고 가서 병원에 열 달 동안 다니게 만들고.... 믿을 사람이 없다 이거야.

옛날 어릴 적부터 서로 믿고 친하게 지내던 두 친구가 있었어요.

한 사람의 이름은 인(仁) 다른 한 사람은 고(高).

인과 고는 열심히 글과 무예를 갈고 닦았는데 함께 무과에 응시해서 함께 급제를 하고 북쪽 변방에 같은 장소로 배치가 됐데요.

바로 그때, 오랑캐가 침입을 했는데 성이 함락을 당해 적장 앞에 인과 고가 끌려갔어요,.

적장이 말하길.... "난 인의 머리를 베어서 가겠다"했는데 고가 나서서 친구대신 자기의 목을 치라고 그랬더니 이 모습을 본 인이....

"아... 나의 믿음직한 친구가, 나를 막아 주었구나."

벗붕, 믿을 신, 막을 새, 자기 기, 붕신새기(朋信塞己).

이 고사성어는 현재에 이르러 시키지도 않은 짓을 혼자 할 때 쓰는 말입니다.

붕신새기. 남을 믿는 사람들... 이렇게 된다니까. 붕신새기.

둘째, 예쁜 사람이 없다.

주위를 둘라보면 맨 이쁜 사람투성인데 뭔 말이냐구? 가만히 들여다 봐.

칼로 째고 꼬매고 올리고 세우고 전부 수술한 사람 뿐이라 이거야. 자연 미인이 없어.

여러분, 수술하면 부작용이 많아요. 특히 비행기도 못타.

성형 수술하면 기압으로 인해 꿰맨 자리가 터지기 때문에 비행기 탈 수 없다 이거야. 정말이냐구? 정말이야.

내가 아는 여자 연예인은 성형 수술하고 미국 공연가려다가 비행기 못탔어. 여권 사진하고 너무 달라서…

셋째, 착한 사람이 없다.

옛날엔 나무꾼이 도끼를 연못에 빠트렸어.

산신령이 나타나더니…

"이 금도끼가 니 도끼냐?"

"아닙니다"

"그럼, 이 은도끼가 니 도끼냐?"

"아닙니다"

"그럼 이 쇠도끼가 니 도끼냐"

"맞습니다. 맞고요"

"어허 착한 백성이구나… 금도끼, 은도끼, 쇠도끼 삼종세트로 전부 가져 가거라."

이랬는데…. 요즘은 나무꾼이 도끼를 연못에 빠트리면…

"여보세요?"

안녕하십니까? 전국 산신령 협회에서 운영하는 700-5370, 오산신령입니다.

본 정보는 삐소리가 난 후부터 30초당 90원과 부가

세가 부과되오니 원치 않으면 끊어주십시오. ~
삐 ~

안녕하세요. 본 정보는 전국산신령협회에서 운영하는 정보로서 본 정보를 통해 어쩌구 저쩌구...귀하의 주민등록번호 13자리와 #을 눌러주십시오.

귀하가 누르신 번호는 123456-7891011입니다. 맞으면 1번 틀리면 2번을 누르십시오. 귀하의 전화번호를 지역번호와 함께 눌러주십시오.

원하시는 서비스 버튼을 눌러주십시오.

산신령이 되고 싶으시면 1번 백일기도 문의는 2번, 아들점지를 원하시면 3번, 꿈 해몽은 4번…, 도끼를 연못에 빠뜨린 분은 0번을 눌러주십시오.

도끼를 잃어버리신 산을 선택해 주십시오.

한라산은 1번, 지리산은 2번, 설악산은 3번, 속리산은 4번, 오대산은 5번, 소백산은 6번, 월악산은 7번… 기타산은 0번을 눌러주십시오.

잠시 후 상담 산신령과 연결해 드리겠습니다.

죄송합니다. 상담전화가 폭주하여 상담 산신령을 연결할 수가 없습니다.

으악~~ 이래서 착한 사람도 성질 더러워 지는게 요즘 세상이라니까요.

네째, 참는 사람이 없다.

참을 인자 세 개면 살인을 면한다고 했는데 요즘은 참는 사람이 없습니다.

너도 나도 빨리 빨리… 좀 느긋하게 참는 버릇을 길러요.

그리고 마지막으로 요즘은 안하무인시대다. (眼下無人)

눈 아래에 사람이 없다. 전부 교만하게 사람을 업신여기는데 남을 깔보면 남도 자기를 똑같은 방법으로 깔볼 수 있다는 걸 명심하기 바랍니다.

24. 보디가드

보디가드

BODY GUARD

 이거 한번 읽어봐요. 이걸 보디가드라고 읽는 사람은 집에서 드라마만 본 사람이고, '바디가드'라고 읽는 사람은 여름에 해외여행을 다녀 온 사람이에요.
 읽으라는데 읽지 못하고 얼굴만 붉히고 있는 사람은 지금 딴생각하는 사람이야.
 딴생각이 뭐냐구? 빤스생각!
 오늘은 보디가드에 대해 얘기해 보겠어요. 보디가드가 무슨 뜻이냐...

경호원, 보호자, 캐빈 코스트너... 음... 아냐. 이 말에는 다른 중요한 뜻이 있어.

몸, 보호.

몸 보호... 그러니까 자기 몸을 보호하라 이거야. 그래야 건강하게 오래 살지.

첫 번째 피부를 보호하라.

여름철 뜨거운 햇빛 때문에 피부조직에 상처를 많이 입었어.

이거 봐... 주근깨...기미...검버섯... 엄마야 ^0^!!...

오이 마사지를 해. 근데 피부에 제일 안 좋은 건 밤에 잠 안 잔다는거야.

피부는 밤 12시에서 2시까지 시간에 충분한 수면을 취해야 피부가 좋아지거든.

근데 요즘 젊은이들은 컴퓨터다, 레이브파티다 뭐다 해서 잠 안자고 밤 도깨비처럼 눈뜨고 있잖아. 일찍 자야 피부가 쉬지.

그런데 월요일 날 밤은 늦게 자도 돼. 왜? 〈폭소클럽〉봐야 하잖이.

두 번째 눈을 보호하라.

자 손가락 몇 개? 두개?

그럼 손바닥에 뭐라고 써 있는지 보여? 이게 보인다면 지금 텔레비전에 너무 가까이 앉은거야.

뒤로 물러 나! 시력이 좋아지는 운동을 가르쳐 줄게.

자 손가락 하나를 펴서 10센티 앞에 놓고... 그 손가락을 뚫어지게 쳐다봐.

자, 그리고 나를 따라해 봐.

"영구 없다"

멀리 떨어져서 봐. 비위 좋은 사람은 앞에서 보고.

세 번째... 이를 보호하자.

우리나라 성인 88%가 잇몸 질환을 앓고 있어. 양치질 습관을 바꿔야 해.

333. 하루 세 번, 밥먹고 삼분 이내에, 세 번 이를 닦으라 이거야.

양치질 할 때 보면 성격이 나와.

성질 급한놈은.. 이 닦는 것도 급하게 닦아.

이렇게 닦으면 이 다 상해. 성질 더러운 놈은 더럽게 바닥에 다 흘려요.

주루룩... 성질 더러운 놈이지.

근데 더럽게 뚱뚱한 놈은 바닥이 아니라 배에 떨어져요. 윗니 아랫니 천천히 정성껏 닦아야지.

네 번째, 뼈를 보호하자.

젊었을 때 몸을 마구 굴리면 나이 들어서 신경통, 요통, 관절염, 류마치스,

골다공증...

몸이 전부 종합병원이 된다 이거야. 젊었을 때 용가리 통뼈라고 몸 마구 굴리지 말어. 젊었을 때 인라인 타다가 넘어져도 툭툭 털고 일어나지만 나이 들어선 방구 뀔려고 히프 들다가 도...윽... 하고 삐끗하는거야.

뼈를 튼튼히 하려면 칼슘... 칼슘을 많이 먹어. 그리고 비타민 D를 섭취하고.

참, 여기서 비타민에 관해 총정리를 해 보자구.

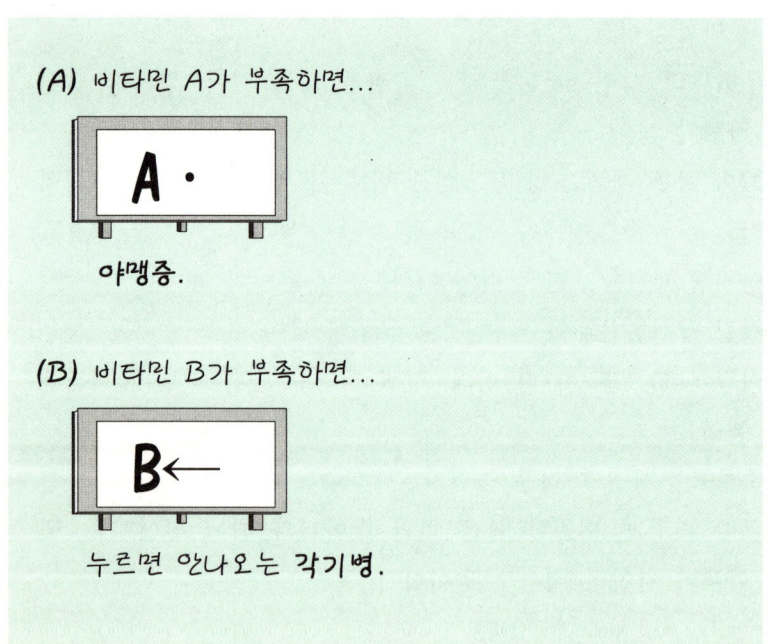

(A) 비타민 A가 부족하면...

야맹증.

(B) 비타민 B가 부족하면...

누르면 안나오는 각기병.

(C) 비타민 C가 부족하면...

이에서 피가 나고 **잇몸병**이 나.

(D) 비타민 D가 부족하면

등뼈가 이렇게 휘는 **구루병**.

(E) 바타민 E가 부족하면 에...에...

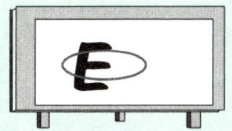

에...이거 부족하면...
어디가 부실해지는지 각자 생각해 봐.

다섯째, 피를 보호하자.

피가 얼마나 중요한지 고스톱 치는 사람들은 알아. 피박 몇 번 쓰면 열받지?

피와 관련된 고혈압, 심근경색, 뇌졸중... 이런 질병이 늘고 있어요.

피를 맑게 하는데 좋은 게 바로 녹차야. 요즘 젊은이들... 2000원짜리 라면 먹고 5천 원짜리 커피를 마셔요. 나 참... 그것도 꼭 외국에 비싼 로얄티를 주는 고급커피를 마셔야 문화인이고 인테리고 잘나 보이는 모양인데... 커피보다 몸에 좋은 녹차를 마셔. 알았어?

자 심장이 튼튼해야 피를 우리 몸 곳곳에 잘 보낼 수 있는 거야.

자... 앉은 자세를 잘 봐. 오른발이 앞으로 나온 사람... 이 사람은 심장이 약한 사람이야.

숨이 가쁘고 피로가 빨리 오고... 맞지?

왼발이 나온 사람... 두통이 심하고 특히 편두통이. 왼발 오른발 가지런히 앉은 사람, 치질이야. 맞지?

여섯 번째, 간을 보호하자.

간은 우리 몸에 5천가지 이상 기능을 하는 중요한 장기인데 병이 나기 전까지는 알 수가 없어.

그래서 침묵의 장기라고 하는데 요즘은 간을 마구 혹사하는 사람이 많아요.

술 먹고 담배 피고... 자기 간이 건강한지 아닌지 내가 테스트를 해 볼게요.

자... 크레딧 카드가 하나도 없는 사람 손들어봐. 이 사람들은 간이 건강해.

카드가 다섯 개 이상이고 연체가 백만원 이상인 사람 손들어봐. 이 사람들 간뎅이가 부었이... 간이 배 밖으로 나왔구먼...

건강은 건강할 때 지키란 말귀를 아프게 들었지? 그런데 왜 실천을 안 해?

나도 머리카락이 있을 때 지키는 건데...

에휴...

공짜강의 끝

 ## 25. 데이트 크리닉

데이트 크리닉

요즘 간판에 클리닉이란 단어가 참 많아요... 비만클리닉, 노화 클리닉, 성 클리닉, 피부 클리닉, 정신건강 클리닉... TV에도 부부 클리닉이란 프로가 인기예요.

그래서 오늘은 클리닉에 대한 강의를 하겠어요. 특히 남녀들에게 꼭 필요한

DATE 클리닉!

데이트를 통해 남녀간에 차이를 극복하고 행복한 결혼 생활로 골인하시길 간절히 기원하면서...

공짜강의 시작합니다.

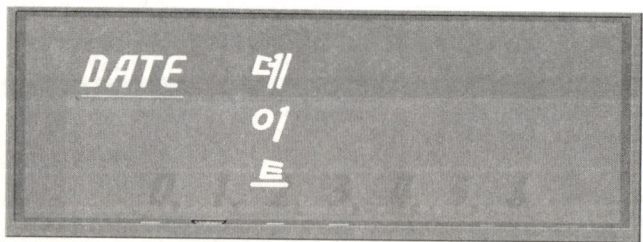

우선 데이트. DATE란 무슨 뜻인가?
남녀가 생각하는 데이트가 각각 다릅니다.
여자들은 데이트 그러면... 그날... 황홀한 날, 기대되는 날, 이렇게 생각하는데,
남자들은
'데'. 데리고
'이'. 이리저리 다니다가
'트'. 트집 잡아서 집에 안 보내는 날이래요.

먼저 남자들은.......

D dash 무조건 부닥치고 보자 이거야. drink 그리고 술만 마실려고 해요.

A ask 쓸데없는 질문만 물어봅니다. 집에 몇 시에 가야해? 안 들어 가도 돼지? 노래방으로 갈래 비디오 방으로 갈래...

T there 거기... 거기만 만질려고 하고... 자꾸 거기만 데려 갈려고 하고. 그리고 난 뒤에는 tobacco 담배를 핍니다. 후~~

E end 그리고 관계를 끝내고 싶어합니다.

25. 데이트 크리닉

> 그에 반해 여자들은 데이트를 이렇게 생각합니다.
>
> **D** dream 아름다운 꿈을 키우면서
>
> **A** after 그 다음엔 어떻게 할 것인지 계획을 세웁니다.
>
> **T** think 계속 남자, 결혼, 자녀에 대해 생각하고 titanic처럼 아름다운 사랑을 꿈꾸게 됩니다.
>
> **E** endless 그리고 그 사랑이 영원하길 기원하죠.

그런데 남녀간에도 어떻게 만나느냐에 따라 정답이 달라집니다.

이걸 남녀간의 수학공식으로 풀어보면...

```
똑똑한 남 + 똑똑한 녀 = 로맨스
똑똑한 남 + 멍청한 녀 = 불륜
멍청한 남 + 똑똑한 녀 = 결혼
멍청한 남 + 멍청한 녀 = 임신
```

남자들은 단순합니다. 얼마나 단순하냐면 어릴 때 개천가에 서서 누구 오줌이 멀리가나 내기를 합니다. 이 내기는 다 커서 술집 담벼락에 누가 더 높이 쏘나 시합을 하는 걸로 이어지는데... 한번은 이겨 볼려고 높이 높이 올려 쏘다가.... 자기 바지를 다 적시기도 하는 게 남자들입니다. 여자들은 이런 바보같은 짓 안하잖아요.

물론 여자들 중에도 터프한 분들 있습니다.

누가 더 깊이 페이나 내기하는 여자분들 있다고 들었습니다.

그러니까 여자분들.... 남자들하고 데이트를 할 때 너무 복잡하고 머리 아픈 얘기 하지 마세요.

단순 명료하게 아주 쉽게 쉽게 풀어서 얘기해 주세요.

얼마나 남자들이 바보냐 하면...

한번은 제 옆집에 혼자 여자가 저한테 전화를 했어요.

"저... 우리 집에 아무도 없거든요...."

그래서 제가 옆집으로 갔죠. 그랬더니 정말 아무도 없는거에요. 불 다 꺼지고...

그 여자가 다시 전화하더니... 형만씨... 문 잘 잠겼죠?

집 좀 잘 봐주세요...

또 이런 말이 있습니다.

"남자는 자기 여자가 될 때까지만 여자에게 잘해주고
여자는 자기 남자가 된 후부터 남자에게 잘해준다."

여자들이 이런 불만을 털어놓습니다. 왜 옛날엔 잘해주다가 지금은 소홀히 하는거야?

그러면 남자들이 이러죠. "잡은 물고기에게 먹이 주는 거 봤냐?"

그러나 남자들이 착각하는 건 여자들은 물고기가 아니라 새라는 겁니다.

25. 데이트 크리닉

빈틈만 보이면 새처럼 날아갑니다. 여기도 새들이 많이 있네요.
파랑새... 참새... 잉꼬... 청둥오리... 박쥐.
여우 잘못 봤네요...

그리고 여자들은 뽀뽀를 하면 이젠 끝이라고 생각하는데 남자들은 뽀뽀를 하면 이제부터 시작이라고 생각합니다.
뭐가 시작이고 뭐가 끝인지... 난 시작도 못해봤는데...

그리고 남자나 여자나 첫사랑을 잊지 못합니다. 남자는 평생토록...
여자는 딴 남자 생길 때까지만. 이런 면에선 여자들이 훨씬 현명한거죠.

그리고 여자는 아주 평범한 남자를 좋아합니다.
평범하게 키 크고, 평범하게 돈 많고, 평범하게 의사나 변호사일 하고, 평범하게 좋은 차에 큰 집 있는 그런 평범한 남자들 좋아합니다.
그리고 남자들은 그저 치마 두르면 다 좋아합니다.
예를 들어 그저 치마두르고 자기 일 열심히 하는 여자를 좋아하죠.
"제가 노래하나 불러드릴까요? 당신은 모르실거야."
"행복하셔야 해요... 아자! 아자!! 잘 될거예요..."

남자와 여자는 비슷하게 생겼을 뿐이지 완전히 다른 별에서 왔다는 얘기가 있습니다.

  그걸 인정하고 데이트를 시작한다면 남녀간의 차이를 극복하고 행복한 결혼생활로 골인할 수 있을 겁니다.

26. 사라진 기억들

사라진 기억들

에... 무슨 얘길 하려고 했더라... 아, 맞다 맞다.
요즘 들어 이렇게 깜빡깜빡 잘 잊어버리는 분들이 많습니다.
기억력 때문에 고통받는 사람들이 많은데요.

어떤 사람은 잘 잊어버려서 고통을 받는데 반해서 나는 기억력이 너무 좋아서 고통이 너무 심해요. 글쎄 내가 똥오줌을 못 가려서 기저귀를 차고 다녔으니까... 어우 창피해.
그리고 돌상을 받았을 때 연필이나 돈을 잡는 대신에 옆집 순이 손목을 덥썩 잡았다 이거야.
아이고, 창피해서 원...

여러분들 나이에 따라서 다르겠지만 기억 속에 사라진 것들이 참 많습니다.
특히 아날로그 시대에서 디지털 시대로 변하면서 사라진 것들이 많은데요.

그래서 오늘의 주제는 "사라진 기억들"

이게 뭐야?
아니 기역자 놓고 기역자도 몰라?

당신은 기억이 사라진 게 아니라 뇌가 사라진 거 아니야?
골목대장이 사라졌어.

학교갔다 돌아오면... "영철아 놀자... 짱구야 놀자..." 이렇게 아이들을 모아서 골목길에서 해가 지도록 놀았어요.

딱지치기, 구슬치기, 다방구, 말뚝박기, 짱깨미뽕... 아... 이거 일본말이예요? 방송에서 일본말쓰면 안돼지.

가위바위보... 손톱이 길었네... 누구 쓰메끼리 없어?

아이들끼리 모여서 놀다보면 골목대장이 자연스럽게 나오고 그랬는데 요즘은 골목보다 더 좋게 놀이터를 만들어 줘도 나와서 노는 애들이 없어.

왜냐?

다들 학원가랴 집에서 컴퓨터 게임하랴... 나와서 노는 애들이 없다 이 말이야.

그래서 우리나라 학생들이 협동심이 부족해. 자기만 알고... 애들은 뛰어 놀고 싸우고 그러면서 크는거야. 함께 해야지 함께. 안 그래?

그리고 삐삐가 사라졌어요. 아직 완전히 사라진 건 아니지만요.

삐삐를 호출기라고 하는데 첨에 이게 등장했을 때는 무척 신기했어요.

허리에 이거 차고 다니면 "와~ 하고 바라본 때도 있었으니까요"

호출기가 그다지 많이 보급되지 않았을 때... 다방에서 차를 나르던 아가씨가 있었어요. 그때 전화가 왔는데....

"호출하신 분 좀 바꿔주세요." 이러니까 이 아가씨가 이렇게 외치더라구요.

"저, 손님 중에 홀쭉한 분 전화받으세요. 홀쭉한 분 없는데요"

"그게 아니라... 삐삐친 사람 바꿔달라구요"

그러자 아가씨가 또 이렇게 외치더래요.

"저, 손님 중에 빼빼 마른 분 전화받으세요."

전유성씨는 지금도 삐삐를 갖고 다닙니다. 왜 핸드폰으로 안 바꾸냐고 물어봤더니...

"야...말괄량이 삐삐보다 재밌는 게 마지막 삐삐 아니겠니? 나중에 어떻게 되나 볼려고"

버스 안내양들도 다 사라졌어요. 차장이라고 부르다가 안내양이란 호칭으로 바꾸자고 해서 그렇게 불렀는데, 어느 겨울에는 박정희 대통령이 겨울에 파카를 선물해서 눈시울을 적시던 안내양들의 모습을 뉴스에서 보던 기억이 납니다.

비스기 출발할 때는 두 번 탕탕 치면서 "오라이~"

그리고 뒤로 차가 후진을 할 때는 창문을 동전으로 탁탁 치곤했었죠.

만원버스에 손님을 더 싣기 위해 꾹꾹 눌러 넣고는 버스 문에 매달려 가다가 떨어져서 다치던 안내양도 참 많았죠. 또 삥땅이라고 해서 돈을 빼돌린다고 몸수색을 하거나 계단에 계수기를 설치했던 적도 있었습니다. 안내양들이 안내방송도 직접 했어요.

"차라리 죽어서 망우리 가요" 이게 뭔 소리냐 하면... "청량리 중량교 망우리 가요"

이걸 빨리 하면 "차라리 죽어서 망우리 가요"

아마 이 글을 보는 분이나 독자분들의 어머니나 이모 중에도 옛날 버스안내양이셨던 분들 많으실 겁니다. 버스 안내양은 사라졌지만 아직도 버스에서 사라지지 않은 게 있어요.

남의 발 밟는 사람들... 또 밟으면 데이트 신청할겁니다...

주판이 사라졌어요. 주판이 뭔지는 알아요? 일원이요, 이원이여...

이러면서 계산을 하던 주판... 계산기가 등장하면서 주판이 사라졌어요.

옛날에 이걸로 롤러 브레이드처럼 타다가 넘어진 사람 많을 거야...

그리고 선생님이 틀렸다고 주판으로 머리 밀린 사람 많을거야...

나도 하도 밀려서 머리가 다 빠졌잖아...

계산기도 좋지만 손을 움직이며 주산을 하면 머리가 좋아져요...
 요즘 계산기만 쓰니까 구구단도 못외는 사람이 많아. 자! 대답해봐.
 이사? 이오? 이육? 이칠? 이팔? 이구? 이구... 그것도 못해?
 전화기의 숫자를 다 곱하면 몇 인줄 아는 사람? 손들어 봐. 정답은 0이야... 그것도 몰라?

 우리 주변을 둘러보면 사라진 것들이 참 많아요.... 타자기도 사라졌고...
 돌려서 거는 전화기도 사라졌고... 다방의 메모판도 사라졌고... 동시상영 극장도 사라졌고... 레코드판도 사라졌고.... 흑백 티비도 사라졌고...
 그런데 절대로 사라져서는 안 되는 기억이 있어요.
 부모님이 나를 보며 웃으시던 그 얼굴... 졸업식 때 흐뭇하게 바라보시던 선생님의 미소...
 첫사랑의 짜릿함... 아, 첫사랑은 잊어도 된다. 지금 옆에 있는 사람이 최고야...
 그리고 절대 잊어서 안 되는 건... 최형만의 공짜강의는 쭉~ 계속된다는 겁니다. 이상!

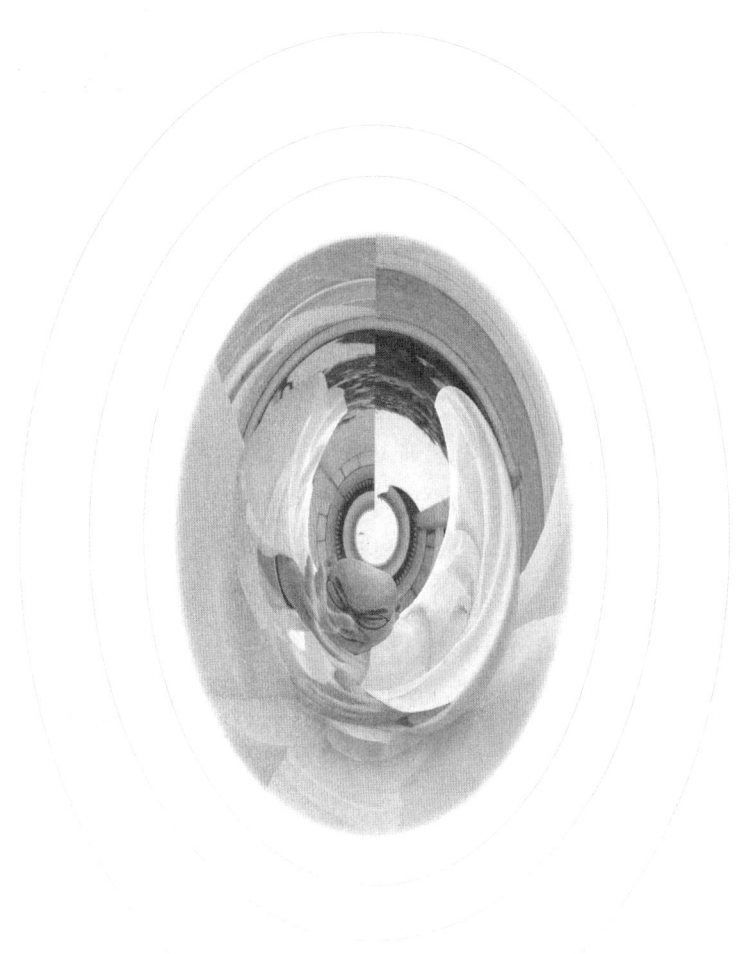

26. 사라진 기억들

27. 사라진 소리

사라진 소리

어떤 남자가 술집 앞에서 고래고래 소리를 지르고 있었어.
"우리나라 국회의원들은 모두 다 깡패다!!"
그랬더니 지나가던 남자가 막 화를 내는 거예요.
"아니, 당신이 뭔데 말을 그렇게 함부로 해?"
"죄송합니다... 국회의원이십니까?"
그랬더니 그 남자가... "아니, 나 깡패야"
이제 우리 정치판에서 제발 멱살 잡이니 주먹다짐이니 하는 소리 좀 사라졌으면 합니다.

헤르만 헷세의 '사라진 소리'란 시가 있어요.
"언제였던가, 어린 시절에 나는 목장을 따라 걷고 있었다.
그때, 아침 바람에 노래가 살며시 실려 왔다.
푸른 공기의 소리인가. 아니면 무슨 향기, 꽃향기 같은 것이었다."
오늘은 사라진 소리에 대해 얘기를 해 보겠어요.

"고장난 시계나 고무신~~"

바로 엿장수들이 외치는 소리였어요. 엿장수들은 사실 엿을 파는 사람이 아니라 고물장수였죠. 고장난 시계, 고무신, 뚫어진 냄비, 빈병을 가져가면 엿하고 바꿔줬습니다.

엿장수들은 가위를 들고 있었어요. 그래서 나온 개그가...

'엿장수는 1분에 가위질을 몇 번이나 할까? 정답은 엿장수 맘대로'

참 지금 들으면 유치한 개그인데 옛날엔 참 재미있었단 말이야...

큰 가위를 들고 있다가 그걸로 엿을 탁 쳐서 짤라 주기도 하고 강냉이를 그릇에 가득 담아 주기도 했어요. 그리고 이런 노래도 불렀던 기억이 납니다.

"학교 종이 녹슬었다 엿 바꿔먹자, 선생님이 우리를 때려주신다"

"뻔~ 뻔~ 데기 데기 데기..."

삼천만의 영양식 뻔데기... 이것이 바로 우리나라 씨엠송의 효시입니다.

최초의 씨엠송이죠. 옛날에 이 번데기가 영양소 공급의 중책을 담당했다고 해도 과언이 아니예요. 뻔데기는 또 우리 아이들에게 '인생은 복골 복'이라는 명제를 가르쳐 줬죠.

빙글빙글 돌아가는 둥근 판위에 송곳처럼 날카로운 표창을

던져서 맞추는 대로 번데기를 줬으니까요.

그리고 겨울철에 들려오던 구수한 소리… "메밀묵이나 찹쌀떡~"

이 소리는 가끔 들을 수 있는 동네도 있더군요.

근데 완전히 사라져서 다시는 들을 수 없는 소리가 있습니다.

"퍼~ 퍼~"

이 소리가 뭔지 아는 분들은 구세대, 모르는 분들은 신세대.

"퍼~" 이 소리 몰라? 근데 왜 코를 잡고 있어?

사실 정화조가 나오기 전에는 웬만한 집 아니고는 모두 이 '퍼~' 하시는 분들의 도움을 받았죠. 양쪽에 한 통 씩 막대기에 지고서 균형을 맞추어 걸어가는 모습을 보면서 넘어지지 않을까 무지 걱정을 하곤 했었죠.

"머리카락 팔아요~"

어릴 땐 이 소리를 들어도 도대체 머리카락을 사다가 뭐에 쓰는지 몰랐어요.

알고 봤더니 이 머리카락을 모아서 가방을 만들어 수출을 했더라구요.

사실 우리나라가 자원이 풍부합니까? 자본이 있었습니까? 그러니까 여자들 머리카락을 짤라서 수출을 해야 할 정도로 못살았던거죠.

지금도 기억이 납니다. 한번은 제가 반찬투정을 했어요. 그랬더니 그날 저녁밥상에 고등어 한 마리가 올라 왔더라구요. 이게 왠 고등어냐… 정말 맛있게 먹었죠.

근데 엄마가 머리에 흰 수건을 쓰고 계시더라구요. 알고 봤더니... 머리카락 팔은 걸로 고등어를 사주셨던 거예요.

그래서 전 지금도 고등어를 안 먹어요.... 그때 생각이 나서... 저희 PD선생님도 고등어를 안 먹더라구요. 저랑 똑같은 경험이 있나 했더니... 알레르기래요.

그리고 또 사라진 소리 가운데는... "안돼요, 이러지 마세요... 안돼요.."

남자가 여자에게 "우리 잠깐 쉬었다 가자..." 그러면 여자들은 "안돼요. 안돼요."

이랬거든요. 근데 요즘은... "안 돼? 안 된다구? 넌 뭐 그렇게 안 되는 게 많니? 이리 와... 집에 하루쯤 안 들어가면 누가 잡아가니?"

"목마른 사슴이 우물을 찾듯..."

버스에서 들려오던 볼펜 팔던 소년의 목소리도 사라진 소리가 됐습니다.

그 대신... "회사의 도산으로 수출길이 막혀 이렇게 들고 나왔습니다. 천원짜리 딱 한 장으로 모시겠습니다."

이렇게 회사가 망해서 수출길이 막혔다는 소리가 진정 사라지는 그날이 빨리 오기를 여러분과 함께 손 모아 기도... 아, 기도하면 박수를 못치지?

28.  바 람

바 람

秋風나엽

　가을(秋)은 벌써 가을이라 아침에 일어나면 가을 바람이 솔솔 불어오더라구.
　얼마 전에는 우리나라에 큰 바람(風)이 몰아쳐서 많은 피해를 봤어요.
　추풍자를 보니, 이걸 보니 뒤에 무슨 글자가 떠오르죠?
　추풍 나엽이라... '추풍나엽'
　틀려? 아냐... 맞아. 가을바람이 불어오면 난 엽이불을 덥고 잔다 이 말이야.

나처럼 혼자서 자봐... 얼마나 덜덜 떨리는데....

바람풍(風), 오늘은 바람에 대해 알아보겠어요.

우선, 바람이 왜 부는 걸까? 바람은 기압 차이가 생기면 부는 거예요.

기압이 높은데서 낮은 곳으로 부는 거라고.

얍~ 봐, 기압(합)이 높은데서 낮은 데로 바람이 불잖아... 뻥이야.

이번에 특히 쎈 바람이 불어온 이유는 지구가 점점 온난화 현상에 따라 열을 받으니까 기압차이가 쎄져서 태풍 매미 같은 큰 태풍이 몰려온다 이거예요.

지구온난화현상의 원인 가운데 여러분이 쓰는 스프레이나 무스도 있다 이거야.

그래서 난 무스나 스프레이를 절대 안 써. 태풍 피해를 줄이려면 무스나 스프레이 쓰지 마.

봐, 이 아가씨... 그런 거 안 쓰고 생머리 얼마나 좋아... 근데 비듬약은 좀 써라.

그나저나 태풍매미의 피해가 엄청나서 내 맴이 아픈데... 이 태풍 이름을 바꿔야 겠어. 옛날엔 태풍 이름을 여자이름으로 해서 여자들의 반발이 심했어.

왜 안 좋은건 여자들 이름을 쓰느냐... 그래서 2001년부터 각 국에서 추천한 이름으로 개미, 나리, 장미, 수달, 노루, 제비 같은 아름다운 이름으로 바뀌었어요.

"태풍 속보입니다. 태풍 장미, 장미가 북상중입니다"

이러면 누가 대피를 하겠냐고. 태풍 이름도 좀 무시무시한 걸로 바꿔야 해.

예를 들어... 태풍 폐렴, 태풍 부실공사, 태풍 카드연체...

그리고 태풍의 세기에 따라 이름을 바꿔주는거야. 예를 들어 아주 쎈 태풍은 조폭, 중간건 깡패, 아주 약한 건 똘마니, 혹은 양아치.

"태풍 조폭이 몰려오고 있습니다" 이러면 대피하란 말 안해도 알아서 도망칠 거야.

근데 왜 태풍 피해는 꼭 남해나 동해만 보는 거야? 왜? 서울엔 태풍이 몰아치지 않냐구.

거기엔 이유가 있어. 서울엔 1년 열두달 365일 태풍이 불고 있어서 그래.

여의도 정치권에 항상 먹구름 껴있지, 천둥·번개·태풍·광풍이 몰아치고 있다 이거야.

정치인들도 이럴 땐 참 쓸모가 있네...

정치인 얘기가 나왔으니 말인데 바람하고 정치인하고 뗄려야 뗄 수 없어...

이 사람들 정말 바람을 잘 타. 선거 판에서 바람몰이 하지... 선거전에는 공약은 당선되면 바람처럼 사라지지... 신당창당이다 뭐다 해서 바람 따라 철새처럼 떠돌아다니지...

난 정말 정치인들이 한결같은 맘으로 국가와 국민을 생각해줬으면 하는 바람이 있네. 하지만 난 정치인들이 부러워. 국민들이 당신들을 얼마나 우습게 보는지 알어? 나도 좀 우습게 봐줬음 좋겠다 이거야!

정말 당신들 우스워!!

그래서 말인데 국회의원 뺏지도 차별을 두고 달아줘야 해요 국민을 무서워할 줄 아는 성실한 국회의원에겐 특급호텔처럼 무궁화 다섯 개를 달아주고, 그저 그런 국회의원은 무궁화 세 개, 있으나 마나한 의원은 무궁화 한개, 그럼 뇌물이나 받고 국회에서 쌈박질이나 하는 의원은 무궁화 몇 개를 달아 주냐고?

무궁화를 왜 달아 줘... 의원 뺏지를 그냥 뺏지.

태풍보다 더 위험한 바람이 있어. 지구가 열받으면 태풍이 몰아치듯 가정의 아내들이 열받으면 몰려오는 춤바람... 춤바람나서 가정을 포기한 부인들이 많아지면 많아질수록 우리나라 가정은 바람잘 날이 없습니다.

화목한 가정에서는...

"어머니 석봉이가 다녀왔습니다."

"그래 그러면 어서 불을 끄거라"

"그럼 저는 글을 쓰고 어머니는 떡을 써시렵니까?"

"아니다. 나 잠시 카바레 다녀올 테니 넌 불끄고 자라"

바람난 여자들이 카바레에 가면 꼭 제비를 만나게 돼 있어요.

제비도 종류가 많아요. 손으로 여자들을 녹이는 제비는 **수제비**. 애들은 사모님의 그 펑퍼짐한 넓은 등짝에서 성감대를 찾아서 꼭꼭 눌러줍니다.

척추뼈 아래서 세 번째와 네 번째 마디... 아하~~

그리고 발로 사모님을 자극하는 **족제비**. 애들은 발놀림이 현란합니다.

서울, 대전, 부산, 광주 찍고...

근데 요즘 제일 무서운 제비는 **팅제비**예요. 채팅으로 만나서 미팅 열 번 하다가 본색을 드러냅니다.

"제발 이 돈만 받고 절 놔주세요"

티티팅팅팅! 절대 안 놔줍니다.

남편과 아내가 같이 바람을 피는 걸 맞바람이라고 하는데 이 정도 되면 그 가정은 볼장 다본거죠.

바람이 불면 방파제나 방풍림으로 바람을 막듯, 미리미리 우리도 바람을 막을 수 있도록 해야 합니다.

그 교훈을 선풍기에서 배울 수 있어요.

미풍, 미풍 양속을 지키고...

중풍, 중풍에 안 걸리게 건강 조심하고...

강풍, 강풍 틀고 자면 심하면 사망, 최소한 얼굴이 퉁퉁 붓는다는 걸 명심하고 선풍기가 좌우로 흔들리는걸 보며 우로나 좌로나 항상 내 가정을 지켜봐야 할 것입니다.

태풍 같은 재앙은 우리 인간이 교만해 질 때 하늘이 내리는 자연의 심판입니다.

이번 태풍으로 피해를 입은 이재민들이 하루 빨리 웃음을 찾는 것이 저의 최고의 바람입니다.

29. 시험

시 험

우리 나라에서 일류라고 하는 모 대학에서 자기 집 주소를 한자로 써 보라는 시험 문제를 냈어요. 그랬더니 100명 중에 세 명만 제대로 쓸 줄 알았다는 거야.
그러는 너는,
☞ 집 주소를 쓸 줄 아냐고?
난 모르지.
왜냐하면 어저께 이사 갔거든.
오늘은 시험철도 되고 했으니 시험에 대해서 공짜 강의를 할까합니다.

학생들이 제일 듣기 싫어하는 말이 바로 시험이야. 쪽지시험, 월말시험, 기말시험… 그래서 난 기도할 때도 이렇게 해. '나를 시험에 들지 말게 하옵시며.'
근데 학생들이 제일 듣기 좋아하는 말도 역시 시험이야.

"얘, 시험 시험 해라" (쉬엄 쉬엄)

근데 시험은 꼭 필요한거야. 제대로 배웠는지 아닌지 시험을 봐야 알 거 아니냐구... 대학생에게 이런 시험 문제를 냈어요. 입맞춤을 중국에서는 어떻게 표현하는가? 그랬더니 답을 뭐라고 썼냐면...
설문조사, 설상가상, 설왕설래, 전진후퇴, 점입가경.
어떤 여학생은 이렇게 썼더라구. 황홀지경.
입맞춤을 중국에선 뭐라고 하냐면... 키스야, 키스.
그리고 키스의 품사는 접속사구. 다 해봐서 안다구? 그래 잘났다...
난 키스가 감탄사인줄 알았어. 엄마야!! 따귀 맞을 수 있으니까.

요즘 학생들의 학력저하가 말도 못하게 심각해요. 한 고등학교에서 이런 시험 문제를 냈데.
'맹자 어머니가 맹자를 교육하기 위해 행한 것은?'
정답이 뭐야? 그렇지... '맹모삼천지교'
근데 시험답안지에 뭐라고 썼냐하면... '떡을 썰었다' 떡을 썬건 한석봉의 어머니지 왜 맹자 얘기를 하는데 떡 얘기가 왜 나오냐구, 떡 얘기가...
웃을 일이 아니야... 학교에서 뭘 배우는지, 일반 상식이 바닥이라구.
여기 있는 사람들도 시험 좀 봐야겠어. 내가 아주 어려운 문제를 낼테니까, 잘 맞춰봐... 에.... 그냥 쉬운 문제를 내면 안될까?

'코'자가 들어간 속담을 하나만 대보시오.

'코끼리 아저씨는 코가 손이다' ? '낫 노코 기억자도 모른다?'

츳츳츳... 큰일이야... '제 코가 석자'가 정답이지.

시험은 학교에서만 보는 게 아닙니다. 인생 자체가 시험의 연속이에요.

운전면허 시험, 취직시험, 면접시험, CPA시험, 변리사시험, 중개사시험...

그런데 진짜 시험이 필요한 곳이 있어요. 결혼을 할 사람들은 시험을 봐서 자격증을 줘야 해요. 두 쌍 중에 한 쌍이 이혼을 한다고 하니까 시험을 봐야한다 이 말이죠.

결혼식장에서 제일 환하게 웃는 사람이 누군지 알아요?

결혼식장 사장이야... "축하합니다. 다음에 또 오세요. 잘 해 드릴께요. 허허허"

이러니 시험 봐서 결혼을 허락해야 한다니까.

시험문제 하나 드릴게요. 다음 중 결혼생활에 가장 필요한 것은?

1. 돈. 2. 아파트 3. 직장 4. 사랑

정답? 4번 사랑이라고 생각하신 분 손들어요. 이런 분들... 땡.

결혼 자격이 없어요. 사랑이 밥 먹여 줘?

연애는 꿈이지만 결혼은 현실이라고.

돈·아파트·직장이 있어야 결혼하는 거지. 내 말이 맞지? 고개 끄덕이는 사람들... 니들도 결혼자격 없어.

사랑이 우선이지... 사랑이 없으면 아무것도 안돼. 결혼생활에 돈이 없어도 사랑이 있으면 돼.

아냐 돈이 있어야 돼. 왜 이랬다 저랬다 하냐구? 그러니까 내가 결혼을 못했지.

왔다 갔다 하는 사람은 절대 결혼할 자격 없어.

그리고 결혼을 했더라도 시험을 봐서 아기를 낳을 수 있는 면허증을 줘야 합니다.

시험문제는 이런 걸 낼 수 있죠.

다음 중 아기 울음을 듣고 원하는 게 뭔지 알아 맞추시오.

"응애, 응애..." 우유가 먹고 싶다? 기저귀를 갈아 달라? 아닙니다.

정답은 "에이고 내가 왜 이런 집구석에 태어나서 이 고생을 하는지..."

수능시험이 얼마 안 남았습니다.

시험 때만 되면 이런 학생들 꼭 있습니다.

시간 지나서 경찰차나 싸이카 타고 들어오는 학생들... 이 중에도 있을 거야.

가장 박수를 많이 받는데 지가 무슨 스타인줄 알고 ☞ 씩 웃어...

그리고 우황청심환 먹는 학생들 꼭 있어......

이거 먹고서 약 기운에 꾸벅 꾸벅 졸고 있드라구.

근데 말이야 오늘 내가 농담이 아니라, 진짜로 학생 여러분께 시험 잘 보는 방법을 얘기해 줄게요.
이거만 알면 보는 시험마다 100점 맞을 거야.
농담이 아니니까 진지하게 잘 들어요.
에... 정답만 쓰면 돼. 그럼 100점 맞어.
정답을 어떻게 아냐구? 그건 열심히 공부해야지. 공부도 안 하고 시험점수를 잘 맞으려면 그거야 도둑놈 심뽀지. 안 그래?

고3 학생들... 열심히 공부해서 꼭 대학 합격해요. 그리고 재수생 여러분... 이번엔 들어가야지. 삼수생·사수생 하다가 장수생 되면 어쩌려고.

30.  칭 찬

칭 찬

감사합니다. 지금 박수 많이 치신 분들의 손은 세계를 주름 잡을 손이 되십시오.
박수 안치고 팔짱끼고 있던 놈들의 손은 자글자글 주름잡힐 손이 되십시오.
손 뒀다 뭐해? 손은 남을 격려하고 칭찬하라고 있는 거야?
옆에 아가씨 주물럭거리라고 있는 게 아냐? 뭘 뒤를 봐? 너 보고 한 소린데...

우린 남들을 칭찬을 할 때 손으로 머릴 쓰다듭습니다. 왜 하필 머리냐?
착한 생각을 했기 때문에 머릴 쓰다듬는 겁니다.
뺨을 쓰다듬는 거... 이건 예쁘고 귀여울 때 칭찬하는 겁니다.
어깨를 툭툭 치는 거, 이건 격려차원에서 잘했다고 칭찬하는 섭니다.

그리고 엉덩이를 툭툭 치는 거... 이건 성희롱이야.
오늘은 칭찬에 대해서 강의를 해 보도록 하겠습니다.

옛날 노나라 때 선비 한 명이 살고 있었어요. 이 선비는 남들에게 칭찬 받는걸 좋아해서 마을앞 개울에 징검다리를 놔줬어요. 개울 앞 돌들 중에 이쁜 돌 6개를 매주 골라서 잘 쌓아놨는데 이걸 본 마을 사람들이 이렇게 말했데요.
"너 또 했니? 너 또 했구나..." 그래서 후세에 공 6개를 뽑아서 하는 게임을 로또라고 했다나 뭐라나... 어쨌던 이 선비가 하루는 징검다리를 놨는데 고을 군수 딸이 지나가다 넘어져서 물에 빠졌데요. 발을 헛디딘 건데 고을 신문에 잘못 나서 선비가 군수에게 끌려가 곤장을 맞았데요.
그래서 선비는 오보 때문에 슬픔에 잠겨 매일 술에 쩔어 살면서 이렇게 말했다고 합니다. 선비가... 오보로 인해... 슬퍼하고... 술에 취해 사는구나.
선비 선, 그릇할 오, 알릴 보, 슬플 비, 취할 취

선오보비취 (先誤報悲醉)

그래서 요즘도 신문의 오보가 나면 사람들이 신문을 보며 이러잖아... "선오보비취"

칭찬은 시들었던 꽃도 피어나게 합니다.
칭찬은 열등생을 우등생으로 만듭니다.
칭찬은 죽었던 사람도 살아나게 합니다. 정말입니다.
부인이 남편에게 "어머... 자기야 참 잘했어요." 이렇게 칭찬 했더니
죽었던 남편이 살아났다고 합니다. 하룻밤에 다섯 번 씩이나...

말 못하는 아기들도 칭찬을 하면 좋아합니다.
엄마가, "어머 똥을 아주 이쁘게 쌌네... 황금색이야."
그러면 다음에도 아기는 똥을 잘 눕니다.
그런데 엄마가 "애는 시도 때도 없이 똥만 싸, 아우 귀찮아"
이러면 아기는 변비에 걸리고 관장까지 해줘야 해요.

말 못하는 동물도 그래요.
강아지에게... "아이 귀여워라... 우리 강아지 아우 귀엽다 아유 착해" 이러면 집을 잘 지킵니다.
그런데... "이놈의 개새끼는 밥만 먹고 퍼질러 잠만 자네"
이러면 집에 도둑이 들어와도 짖지 않고 꼬리를 치면서 집에 귀중품 있는 데로 안내를 해줍니다.
"이리오세요. 헥헥헥..."

남편들은 아내에게 칭찬을 해 주세요. 아내들이 제일 듣고 싶어하는 말은 이겁니다.

"빨래는 파출부 불러서 시켜. 난 당신이 제일 이쁘더라."
근데 우리나라 남편들은 반대로 말하죠.
"당신이 빨래 좀 해. 난 파출부가 제일 이쁘더라"
아내들도 마찬가지예요. 남편들이 아내에게 제일 듣고 싶어 하는 말을 영어로 하면 딱 두 마디예요. 예스... 앵콜.
근데 우리나라 부인들은 영어로 딱 두 마디만 하죠. "하우 머치"
하우 머치, 하우 머치... 얼마 벌었어? 얼마나 큰데?
바보온달을 온달장군으로 만든 힘은 평강공주의 칭찬입니다.
남편의 성공을 원하십니까? 칭찬하십시오.

칭찬은 웃음꽃을 만들어주는 마술사입니다.
장미도 백합도 진달래도 아름답지만 웃음꽃만큼 아름다운 꽃은 이 세상에 없습니다.

항상 제 머리를 따스하게 만들어 주던 건 초등학교 3학년 때 칭찬하시던 박지윤 선생님의 손길입니다. 최근에 사랑은 티비를 신고 때문에 그 선생님을 다시 만났는데 제 머리를 또 한번 쓰다듬어 주시면서 이러시더군요...
"선생님이 속이 쓰리구나... 니 머리가 다 빠져서..."
공짜강의, 최형만이였습니다.

31. 왜 변하는가?

왜 변하는가?

"에~" 인생은 고통의 연속입니다. 시작부터가 고통이에요.
나도 강의 시작할 때 "에~" 이게 뭔 얘기를 해야 할까 머리를 쥐어짜면서 나오는 소리야...
"에..." 그럼 "애~"는 뭐냐.
☞ "애 너 어디 아프니? 왜 인상을 쓰고 그래."
엄마 뱃속에서 아기가 나오면 의사들이 엉덩이를 때립니다.
그게 첫 생일 빵이래요.
그러면 아기들은 웁니다. "으애, 응애~"
그래도 참 다행인 건 애가 흐느껴 울지 않는 게 참 다행이에요. 갓 태어난 아기가 (흐느끼며) "흑흑흑~~" 이러면 참 산모들 놀랄 거야.
새로 태어난 아기를 엄마 배 위에 올려 놓으면 눈도 안 보이는데 감각적으로 엄마 젖을 찾아가서 젖을 빤다고 합니다.
그러면서 또 고통스러워합니다.
"윽~ 담배냄새" 그 애가 바로 나예요.

물론 부처님은 태어나자마자 하늘과 땅을 가리키면서
"천상천하 유아독존(天上天下唯我獨尊)"이라고 하셨어요.

> 천상천하 유아독존
> (天上天下唯我獨尊)

이게 무슨 뜻이냐고 대학교 시험에 냈더니 어떤 학생이...
'**천~ 상** 넌 **천~하**게 살 팔자다. **You are**, 넌 **독**한 **존**재다.'
그 학생이 누구냐? 그게 나예요.

천상천하유아독존... 이 우주만물 중에서 내가 가장 존엄한 존재라는 뜻이라 이거야. 이렇게 위대하게 태어난 '나...' 세월이 흐를수록 점점 변해 가는 게 문제라 이겁니다.

그래서 오늘의 주제는 '왜 변해 가는가?'

물론 초등학교 때는 변해갈 때가 있어... 일년에 한번... 그게 아니라면 왜 우리는 변하는가 이 말이야.

노래방에서... 10대 때는 한시도 의자에 앉지 않고 랩, 댄스, 노래 쉬지를 않습니다.

20대... 발라드를 점잖게 부릅니다.
30대... 점점 트로트가 좋아집니다.
40대... 노래방 대신 술래방을 갑니다. 노래보다 술이 먼저야 그리고 두려움의 종류도 달라집니다.
10대 때는 선생님 회초리가 그렇고
20대 때는 선배들의 주먹이 두렵습니다.
30대 때는 신용카드 청구서가 두렵고
40대는 얇은 마누라 속옷만 보면 경기를 하다가 샤워소리만 들으면 두려워집니다.
50대는 곰국이 두려워요.
곰국 끓여 놓고 그걸로 며칠 끼니를 해결하라고 하고는 마누라는 동네 아줌마들하고 관광 떠나거든.
60대는 이사 가자는 소리가 두렵지. 자기 놔두고 딴 데 이사 갈까봐.

여자들의 경우는 나이에 따라 얼굴이 달라져.
10대는 꽃단장, 20대는 화장, 30대는 분장, 40대는 변장, 50대는 위장.
그러면 60대는… 환장하는 거지.

커플들도 나이에 따라 지하철 풍속도가 달라집니다.
10대, 커플은 자리가 생겨도 앉지 않고 출입구 쪽에 서서 수다를 떨면서 갑니다.
20대, 커플은 객차와 객차 사이에 들어가서 껴안고 갑니다.
30대, 커플은 아이를 안고 남자는 기저귀 가방을 들고 탑니다.
40대, 커플은 부인이 어떤 수를 써서든 자리에 앉으면 남편은 멀찍이 서서 부부가 아닌 척 서서 갑니다. 아내가 이리 오라고 손짓을 해도 모른 척 합니다.

50대. 커플은 각자 뛰어서 자리 확보를 합니다.

그러다 가끔은 아줌마 자고 있는데 아저씨 혼자서 내리기도 합니다.

60대. 커플은 남탕, 여탕 들어온 거처럼 각자 알아서 노약자석을 찾아갑니다.

그리고 나이별 남자들의 작업 멘트가 달라집니다.

10대 때, 말끝이 '래'자로 끝납니다.

우리 놀래? 사귈래? 또 볼래? 관둘래? 얼랠래.

20대는 자연을 이용합니다.

"당신의 눈빛은 별을 닮았어요. 그런데 어떤 별을 닮았는지 아세요? 태양이요. 너무 뜨겁거든요."

"이 튜립(Tulip)을 왜 가져온 지 아세요? 투...립 (Two Lips) 튜립처럼 두 입술이 맞닿고 싶거든요."

30대는 주로 방을 작업장으로 이용합니다.

"노래방 갈래? 비디오방 갈래? 그러지 말고 오늘은 내 방 가자."

40대는 주위들은 가사나 드라마 대사를 인용합니다.

"너 왜 이제야 나타났니? 어디 있었던 거야?"

그러면 여자는 이렇게 말하죠.

"아저씨가 인생 절반을 사는 동안 난 태어나지도 않았어요. 어서 돈부터 줘요."

50대는 말을 굉장히 아낍니다.

"저... 알았어요."

"그게... 그렇게 해요."

"또... 연락해요."

사실 무슨 말이 필요하겠습니까.

이렇게 세월이 흐르면서 변하는 건 어쩔 수 없는 현상인데 우리나라에서 가장 고통을 당하는 세대는 바로...

 바로 40대. 40대가 가장 고통을 받습니다.

60된 분들이 보면 40은 애고, 20대들이 보면 40은 노인네고, 그러니까 40은 양쪽으로 낀 샌드위치다 이거야.

20대는 **끼**세대. 60대는 **뀐**세대. 방구 꼈다고... 그리고 40대는 **낀**세대.

20대는 농구를 하고, 60대는 축구를 하고... 40대는 골목에서 족구를 하고...

20대는 피자를 먹고, 60대는 빈대떡을 먹고... 40대는 거리에서 최루탄 먹고...

40대가 얼마나 피해를 보냐 하면... 더 이상 오빠소리 못 들어.

무조건 아저씨야. 물론 오빠소리 들을 수는 있어. 그러나 돈이 좀 많이 든단다.

그리고 초등학교 여자아이를 20대가 데리고 가면

'아... 착한 오빠랑 놀이공원 가는구나.'

60대랑 가면 '손녀한테 과자 사주러 가나보구나...'

그런데 40대가 데려가면 '저거 납치 아니면 성추행이야 빨리 신고해.'

지난번 대선 때 40대의 48%가 노무현 대통령을 지지했고 나머지 48%가 이회창 후보를 지지했어. 이것만 보더라도 40대는 우리사회의 딱 중간이라 이거야.

그럼 나머지 4%는 누굴 찍었냐고?

(권영길 톤) 그런 질문하시면 살림살이 나아지시겠습니까?

내 강의 중단시키면 행복하시겠습니까?

겉은 멀쩡해 보이는데 알고 보면 조루인 40대 남자들 많아. 대표적인 사람 있잖아.

쾌걸 조루. 그리고 여성들은 갱년기를 맞아 폐경이 오고 우울증에 걸리는 사람이 많은데 이럴수록 폭소클럽을 보면서 웃어야 돼.

인생의 중간이 40대... 인간도 허리가 건강해야 하듯이 40대가 건강해야 합니다.

위에서 눌리고 아래에서 치받치는 40대들이 위기를 기회로 슬기롭게 바꿀 때... 우리 대한민국은 건강해 집니다.

32. 누 드

ㄴㅜ ㄷㅡ

요즘 연예인들이 경쟁적으로 벗고 있습니다.
100미터 달리기 경주를 하듯 열심히 땀흘리며 눈깜짝 할 사이에 벗고 있습니다.
그러면서 한마디씩 하죠. "이건 외설이 아니라 예술이다."
그럼 외설과 예술의 차이점은 무엇일까요?
그 사진을 다른 사람과 함께 볼 수 있다면 예술.
혼자서만 볼 수 있다면 외설.
보는 사람의 얼굴에 미소가 살며시 흐르면 예술.
미소대신 침이 흐르면 외설.
그 사진을 보면서 마음이 차분하게 가라앉으면 예술.
가라앉지 않고 오히려 쭈뼛 서면 외설이라 이거야.

누드... NUDE

누드... NUDE 이 말이 외국말인줄 아시는 분이 많습니다만 사실 우리나라에서 만들어진 말입니다.

옛날 조선시대... 김생원이란 사람이 살았는데 술만 먹었다 하면 아무데나 실례를 하는 버릇이 있었어요.

하루는 남의 집 담벼락에 실례를 해봤어요.

그 집 하인이 그걸 보고... "에이, 누구야 드럽게"

담날에도 실례를 해 논거야. 그 다음날도, 그 다음날도...

그래서 하인이 지키고 서 있다가 김생원이 실례를 할려고 옷을 벗는 순간, 누구야 드럽게!! 이 말이 줄어서 누드... 누가 옷만 벗었다 하면 누드라고 불렀던 것입니다.

요즘 연예인들이 왜 앞다퉈서 누드 사진을 찍는지 모르겠다는 분이 있습니다.

이건 간단해요. 사회현상을 분석해 보고 우리나라 경제의 흐름과 정치 동향, 남북관계와는 아무 상관없어요. 단지 돈, 돈이 되니까 벗는다 이거야.

만약에 돈이 아니라 예술 때문에 벗었다는 여배우가 있으면 나한테 예금 이체시켜놓고 그런 소리해요.

 나도 알고 보면 돈이 되니까 확 벗은거야...

물론 정말로 진실로 진짜로 참말로 예술 때문에 벗는 사람도 있어요.

제가 아는 이 분은 참 진정한 예술을 추구하려고 1년 4계절 잘 입지도 않고 먹지도 않고 허구 헌날 바바리만 걸치고 거리를 방황하며 예술의 길을 추구하고 있습니다.

그러다가 예술이 뭔지 깨달으면 앞에 가는 여학생을 가로막고 자신의 추구하는 행위예술을 보여주려 노력합니다. 예술이 뭔지 딱 마디로 표현해서 보여 줍니다.

(바바리 코트를 확 들추며) 워!

앞으로 이 바바리 행위 예술가를 길에서 만나면 반갑게 맞아 주세요.

혹시 예술작품이 이해가 안가거나 감상하기에 거북하신 분은 이 한마디만 하시면 다시는 행위예술을 안 할 겁니다.

"에게~~"

예로부터 인간은 인간의 육체를 묘사하거나 조각하면서 아름다움을 느끼고 인간의 생명력과 움직임과 감정을 표현하고 있는 육체를 예술의 중요 대상으로 취급해 왔어요.

그래서 우리나라 사람들은 모두 육체의 아름다움을 뽐내며 특히 남자들의 경우 누드 모델이 한 번씩 되어 보기도 했다 이 말이야?

뭔 소린지 몰라? 각자 집에 누드 사진 하나씩 있잖아... 돌 사진 말이야 돌 사진.

근데 이상한 건 왜 남자들만 벗겨놓고 찍냐이거야? 여자들도 벗겨놓고 찍는 그 날이 올 때까지 남자들의 불만, 우리가 접수한다!!

사실 인간의 육체는 아름답습니다. 그 아름다움을 왜 감추느냐? 그러면서 자연으로 돌아가자는 분들이 있어요.

예를 들어, 호주에 가면 누드비치가 있는데, 여기에 제가 한번 가봤거든요. 정말 에덴동산이 따로 없습니다.

여기 가서 저 많은걸 배우고 돌아왔습니다. 위가 검정색이면 아래도(딴것도) 검정색, 위가 노란색이면 아래도 노란색, 위가 파마면 아래도 파마...

참, 아래는 다 파마였지.

그래서 누가 머리에 염색을 했는지 안 했는지 알 수 있었다 이거에요.

그럼 난 위가 빡빡이니까... 으헤헤... 그건 아니다 이거야.

근데 우리나라에도 누드 비치가 있다는 거 아세요?

이거 방송에서 말해도 되나... 저기 서해안에 가면 만리포가 있어요. 그 아래가면 천리포가 있고, 그 아래 가면 백리포가 있고, 그 아래 가면 십리포가 있는데 그 십리포 백사장에 누드비치가 있다 이겁니다.

송림으로 둘러 쌓여서 아늑한 곳인데 남자 주인이 입장료를 받고 있었습니다.

남성은 10만원, 여성은 5만원.

내가 왜 남자가 두 배나 더 내냐고 그러니까 여자들이 한 번 볼 때 남자들은 아래 위로 두 번 보니까 그렇다는 거에요. 어쨌던 돈을 내고 들어갔죠.

그런데 아무리 둘러봐도 남자들만 보이지 여자가 안 보이는 거예요.

그래서 주인한테 가서 따졌죠. 왜 남자밖에 없느냐?

그랬더니 주인 왈 "여자들이 안 오는 걸 어떻게 해?"

지금까지 돌 강의였습니다.

 ## 33. 아침

아 침

아침에 일찍 일어나는 새가 벌레를 먹는다는 속담이 있습니다. 아주 딱 맞는 말입니다
제가 매일 아침 일찍 일어나 하품을 하면 거미가 입 속에 들어가더라구.
에... 이 말은 성공하고 싶은 사람은 일찍 일어나라 이거죠.
그러나 만약 자기가 벌레라고 생각되는 사람은 일찍 일어나지 마세요.
잡아 먹힐테니까.

요즘 컴퓨터다 뭐다 해서 늦게 자는 사람이 점점 많아지고 있어요.
밤 10시가 돼도 노래방이다, 술집이다, 24시간 식당이다, PC방이다...
사람들이 넘쳐난다 이거야... 이거 이거 안돼. 왜냐?
밤 10시면 집에 들어가서 폭소클럽 봐야지. 안 그래?

일찍 자고 일찍 일어나요. 잠 많이 자서 성공한 사람이 없습니다.

토끼 봐. 거북이한테도 지잖아. 아, 잠 많이 자서 성공한 사람이 딱 한 명 있다.

잠자는 숲 속의 공주.

인간 생체리듬에 가장 좋은 취침 시간은 밤 11시부터 아침 5시까지입니다.

"일어나~ 일어나~"

당신이 이불 속에서 손만 간신히 뻗어서 자명종 버튼을 누를 때, 성공한 사람은 런닝 머신의 버튼을 누르며 운동을 합니다.

당신이 '5분만 더, 5분만 더' 하면서 이불을 돌돌 말아 굴리고 있을 때, 성공한 사람은 영어회화 공부를 '5분만 더' 하면서 혀를 굴리고 있어요.

당신이 만원버스나 지하철 손잡이에 매달려 땀을 흘릴 때, 성공한 사람은 사무실에서 새로운 프로젝트에 매달려 땀을 흘리고 있어요.

"열심히 늦잠 잔 당신 떠나라... 회사를 떠나라..."

요즘은 오륙도, 사오정도 아니고 삼팔선이라면서?

38살에 명예 퇴직이라구.

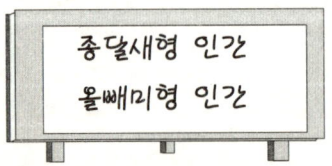

아침에 일찍 일어나 활동하는 사람을 우리는 종달새 형 인

간, 밤에 활동하는 사람을 올빼미 형 인간이라고 합니다.

종달새 형 인간들은 새벽에 텅 빈 지하철 타기를 좋아합니다.

올빼미 형 인간들은 사람이 꽉 들어차 붐비는 지하철을 좋아합니다. 으흐흐...

종달새 형 인간들은 1차, 2차, 3차 함수를 공부하며 수학적 머리를 발달시킵니다.

올빼미 형 인간들은 1차, 2차, 3차까지 술 마시다가 자동차 몰고 갈 때 보면 1차선, 2차선, 3차선을 오락가락 합니다.

종달새 형 인간들은 뻐꾸기 시계를 집안에 달아 놓고 시간 지키는걸 잘 합니다.

올빼미 형 인간들은 술집에서 아가씨들과 뻐꾸기 날리기를 잘합니다.

종달새 형 인간들은 이른 아침에 윗몸 일으키기를 100번 씩 하며 운동을 합니다.

올빼미 형 인간들은 윗몸 일으키기를 딱 두 번 합니다. 일어날 때 한 번, 잘 때 한 번.

종달새 형 인간들은 매사에 긍정적이고 박수를 많이 치고 잘 웃어.

근데 **올빼미 형** 인간들은 부정적이고 박수도 안치고 웃지도 않고... 그리고 불평불만이 많아요.

내 친구는 올빼미형 인간인데 아침에 커피를 마시면 눈이 쑤시듯 아프다고 불평을 해.

그래서 내가 하루는 걔네 집에 가서 봤더니 잠이 들깬 상태로 커피잔에 스푼을 꽂고서 그냥 마시더라구. 그러니까 눈이 아프지.

그리고 칫솔질을 하면 잇몸이 아프다고 불평을 해요.

그래서 봤더니 치약대신 치질약을 짜서 칫솔질을 하더라구.

옛부터 아침과 관련된 속담이 많이 있습니다.

> '술과 늦잠은 가난의 지름길이다' 일본 속담
> '아침잠은 인생에서 가장 큰 지출이다' 카네기
> '아침시간은 입에 금을 떠 넣는 것이다' 이탈리아 속담
> '아침에 지도 그리면 소금 받아와라' 우리 엄마

성공한 사람들은 모두 아침에 깨어 있었습니다.

칸트가 아침마다 산책을 했기 때문에 순수이성비판을 쓸 수 있었으며, 홍수환 선수는 아침마다 운동을 했기에 4전 5기의 신화를 창조할 수 있었고, 정주영 회장은 아침마다 일찍 쌀가마를 배달했기에 현대그룹을 만들었어요.

나도 아침마다 면도를 했기에 이렇게 반짝 반짝 빛난다 이거야.

아침에 일찍 일어나면 얻게 되는 세 가지 장점을 정리해 보겠습니다.

첫째로... **건강.**

침대에서 일찍 일어날 수 있다는 거 이거 건강한거야. 아침에 일어서지 못하면 이거 큰일이야. 남자들 중에 아침에 일어서기 힘든 사람 손들어봐.
쯧쯧... 어린 나이에 벌써부터... 난 새벽부터 벌떡벌떡 일어선다구.

두 번째... **재산.**

아침에 1시간은 낮에 3시간이야. 시간활용을 잘하니 당연히 재산이 굴러 온다구.

세 번째... **지혜.**

아침에 뭘 하든 머리가 띵띵 돌아가잖아. 학교 다닐 때도 1교시에 들었던 과목이 제일 생각나잖아. 그렇지? 난 1교시에 뭘했냐하면... 에... 담 대사가 뭐지? 어젯밤 술을 마시고 늦잠을 잤더니 머리가 띵도네...

돌강의 최형만이였습니다.

 ## 34. 어린이

어린이

10년이면 강산이 변한다는 말이 있습니다.
그런데 강산만 변하는 게 아니라 아이들도 많이 변했어요.
옛날에 개그맨들이 백화점에서 행사를 하면서 팬 사인회를 하면 아이들이 구름처럼 몰려와서 "싸인해 주세요. 싸인해 주세요." 이랬어요.
근데 최근에 제가 백화점 팬 사인회에 갔었는데 8살짜리 형이 4살짜리 동생 손목을 잡고 지나가다가 형이 이렇게 얘기하더군요.
"너 공부 안 하면 나중에 저렇게 되는 거야."
그리고 옛날엔 9살짜리 아이가 새 옷을 입고 나오니까
10쌀 짜리 아이가 그걸 보고 "와~ 10년은 젊어 보인다." 이렇게 귀엽게 말을 했어요.
근데 요즘엔 4살짜리 남자아이가 3살 먹은 여자 아이 손목을 덥썩 잡으니까.
3살 먹은 애가 삼싹 놀라더래. 그러니까 4살 먹은 아이가

"왜 그래? 한 두살 먹은 어린애도 아니면서" 이러더래.

> "어린이"   어린이는 나라의
> "主" (주인 주) 주인공입니다.
> "求" (구할 구) 미래의 나라를 구할 사람들입니다.
> "俐" (영리할 리) 그래서 영리하게 커야 합니다.

그래서 삐뚤게 나가는 어린이를 보면 이렇게 말해줘야 합니다. "어주구리!"

어린이가 학교 안가고 땡땡이 치고 있다. "어주구리"
어린 학생이 골목길에서 담배를 피고 있다. "어주구리"
어린아이가 길에서 더 어린 학생의 돈을 뜯고 있다. "어주구리"
그런데 요즘 어른들은 그냥 지나치니 이게 문제예요.

최근에 제가 수족관엘 갔는데 모 초등학교 학생들이 단체견학을 왔더라구.
근데 나를 보더니... "와 낙지다"
그 중에 한 아이가 나를 비상구쪽 구석으로 끌고 가더니 내 손에 1000원짜리 지폐 두 장을 쥐어주면서...

"아저씨는 캐릭터도 좋고 목소리도 좋고 아이디어도 좋은데 시사가 떨어져요. 요즘 시사조크를 해야 수준 있다는 소릴 듣는다구요. 개그에 시사를 섞어 봐요."
이러더라니까요.

얼마전 신문을 보니까 12살짜리 아이가 칼라복사기로 위조지폐를 만들어 쓰다가 붙잡힌 사건이 있더라구. 옛날 내가 12살 때는 부모님이 주시는 용돈을 돼지저금통에 모았다가 그걸로 학용품 사고, 참고서 사고, 불우이웃 돕고...
그래 그래 솔직히 가끔은 어무니 보약도 사드리고 그랬는데 요즘 애들은 위조지폐를 만들어? 이런 못된 애들은 조폐공사에서 조폐(줘패)야 돼.
그리고 이런 애들에게 뭐라고 한다고
"어주구리!"

그리고 최근에 자동차에 뛰어들어 100만원을 뜯어낸 14살짜리 김모양을 붙잡은 사건이 있었습니다. 14살짜리가 자해공갈을 한거야.
이러다가 7살짜리 자해공갈단이 나오지 말란 법이 어디 있어요?
7살짜리 아이가 차에 뛰어들어서...
"악~ 아저씨는 지금 도로교통법 29조 3항에 있는 전방주시 의무를 위반했구요. 팔이 아프고 다리에 멍이 든 걸로 봐서 이 정도면 전지 4주가 나오거든요.
내가 아는 병원가면 8주도 나와요. 진단서는 병원 고르기 나름이거든요. 그럼 치료비로 380만원은 족히 깨져요.

　더구나 여기서 2.5미터만 내가 더 오른쪽으로 갔으면 횡단보도내 교통사고로 교통사고처리법특례조항 3조에 의해 5년 이하의 금고 또는 2천만원 이하의 벌금형에 처해지거든요. 너무 놀라진 마세요. 아저씨는 초범이면 3년에 집행유예 정도 나올거에요. 그러니까 나랑 여기서 200에 합의를 보시는 게 더 유리하거든요.

　괜히 보험처리하면 20% 할증까지 붙어서 아저씨가 더 불리해요. 카드밖에 없어요? 그럼 내가 아는데서 깡하면 돼요. 절 따라오세요."

　이런 애들 보면 한마디 해 주십시오
　"어주구리!"

　요즘 어린이들은 학원 서너 개는 기본이고 11개까지 다니는 어린이도 있다고 합니다. 초등학교 1학년을 위한 특목고 진학반이 있데요 글쎄.

　이 글을 보는 어린이가 있다면 고개를 끄덕이는 어린이들이 있을 겁니다. 그 중에 몇 명은 돌강의 게시판에 글을 남길 겁니다.

　"우리 어린이를 비하하는 개그는 삼가해 주시구요. 오늘은 개그가 좀 약했으니 더욱 노력하세요. 7살 절대 아님"

　어린이의 눈을 들여다보세요. 그러면 우리나라의 미래가 보입니다. 근데 요즘 어린이들의 눈을 보면 지치고 힘들어 하는 거 같아서 안타까울 뿐입니다.

　지금까지 최형만이였습니다.

 35. 얼짱 · 얼빵

얼짱 · 얼빵

최근에 5살 먹은 제 조카가 저를 물끄러미 쳐다보더니 이렇게 말하더군요.
"쯧쯧쯧... 삼촌... 사는 게 고달프지?"
귀엽기도 하고 기가차기도 해서 제가...
"요 녀석아, 니가 인생을 아니? 왜 그런 소릴 해?" 그랬더니...
"응, 사람은 생긴대로 산다는 말이 있잖아. 삼촌 얼굴을 보니까 사는 게 장난이 아닌 거 같아."

최근에 한 조사를 보니까 정말 생긴대로 산다는 말이 맞는 거 같습니다.
여러분도 기억하시죠? 아리따운 아가씨와 뚱뚱하고 못생긴 아가씨가 각각 길 위에 서서 자동차가 고장났다고 하고는 도움의 손길을 기다렸습니다.
그랬더니, 미인한테는 이 넘 저 넘 몰려와서 서로 고쳐주겠다고 난리를 치는데, 못생긴 여자한테는... "야, 차 좀 빼!!" 소리치고 난리가 났습니다.

이게 이게 우리의 사회의 자화상입니다.

얼굴이 잘생긴 얼짱들은 살기가 편하고 못생긴 얼빵들은 살기 힘든 게 우리나라의 현재 모습이라 이겁니다.

가수를 뽑아도 노래 잘하는 순서가 아니라 이쁜 순서로 뽑고, 여자 직원을 뽑아도 이쁘면 전공이나 성적과 상관없이 뽑고, 하물며 방청객들도 이쁘면 앞에 앉히고 못생기면 뒤에 앉히고...

그래서 오늘 이쁜 애들은 전부 앞쪽에... (◉◉) 앉히라고 내가 몇 번을 말했니?

제가 그래서 오늘 방청객들이 들어오기 전에 사전 여론 조사를 했어요.

"우리사회가 얼굴로 차별을 한다, 안 한다"

그랬더니 차별을 한다고 생각한 사람이 98.9%나 됐습니다.

☞ 아가씨도 조사에 참여했었지? 안 했어?

왜냐하면, 내가 이쁜 애들만 조사하라고 했거든. 호호호...

각계 각층에서 요즘 얼짱이 인기입니다.

얼짱들은 유리한 점이 많아요.

경찰의 불심검문에 걸려도 얼짱들은,

"신분증 좀 보겠습니다. 사진하고 얼굴이 많이 다르네요. 실물이 더 미인이 십니다. 살펴 가세요."

이런데 얼빵들은 "신분증 좀 봅시다. 사진하고 얼굴이 완전히 다르네... 어이 김형사... 범죄자 수배사진 좀 가져와봐. 비교 좀 해봐. 이봐요 밤늦게 나다니지 말고 집에 좀 있어요 집에..."

그리고 지하철을 타고 갈 때도 여자가 누군가 성추행을 해서 돌아봤는데 얼짱이 서 있으면 "어머... 외로우시면 말을 하시지..."

그리고는 저 멀리 서 있는 얼빵을 가리키면서 "저놈이에요. 나를 성추행 한 놈이!"

그래서 요즘 인공으로 얼짱이 되보려고 수술하는 사람들이 넘쳐나는 겁니다.

안에 들은 내용은 생각도 안하고 포장만 중요시 여기니까 우리나라에 성형 열풍, 아니 광풍이 부는 겁니다.

최근에 한 케이블 TV에서는 수술을 해서 얼굴이 달라지는걸 프로그램으로 만들기도 하고 성형수술 계가 인기고, 연말 상품으로 수술비를 건 상점도 있습니다.

태어난 대로 사는 게 얼마나 좋아요. 난 몸에 칼댄 데가 하나도 없어.

아, 딱 한군데 있다. 하지만 그 수술이야 남자들은 다 한번씩 받는 수술이니까.

칼자국 난데는 딱 한군데 거기 뿐이에요. 거기가 어딘지 궁금해요?

난 아주 이쁘게 수술이 됐거든... 한번 보여줄까?

봐!- 난 이게 유일한 수술 자국이야. 배꼽.

근데 수술을 할 때 전부 이렇게 말한 데요. 여자들은 "저 전지현처럼 해주세요."

"김희선처럼 해주세요."

그리고 남자들은 "배용준처럼 해주세요." "장동건처럼 해주세요."

근데 딱 한 사람이 "최형만처럼 해주세요." 그랬다는 거야.

얼굴이 아니라 목소리만. (ˆ0ˆ)

아니, 왜 내 목소리가 어때서 원래 내 목소리는...

"우산을 펼쳐주세요!"

이랬던 목소리를 이렇게 수술한거야... 나도 수술해서 먹고 사는거지.

최근에 미의 기준이 바뀌어서 그렇지 사실 여기 있는 사람들도 옛날에 태어났으면 모두 상궁에 뽑힐 미인들이야.

옛날 상궁들은 얼굴 넓적하고, 궁뎅이 크고, 눈 찢어진 사람들을 뽑았거든.

☞ 어유, 김상궁... 한상궁... 최상궁... 무수리도 많이 있네...

생긴대로 평가하는 우리 사회가 싫죠?

생긴대로 평가받고 싶지 않다면 여러분 스스로 생긴대로 남을 평가하지 마시기 바랍니다. 지금까지 돌강의 최형만이였습니다.

36.  극장

극 장

  오늘 아침 방송국에 오다가 노인정에 계신 할머니, 할아버지께 인사를 드렸어요.
"메리 크리스마스~"
그랬더니 한 할아버지가... "메리 크리스마스가 뭐여?"
그래서 제가... "인사드리는 거에요." 그랬더니
"근데 왜 개 이름을 붙여? 메리가 뭐여 메리가..."
그래서 제가 다시 인사를 드렸죠.
"할아버지... 해피 크리스마스" 그랬더니
"이 녀석아... 해피도 개이름이잖여"

  연말연시에 한번쯤 꼭 가는 곳이 있죠.
  연인들끼리 가고 싶은 곳... 안에 들어가면 어두컴컴한 곳... 손을 자연스럽게 잡을 수 있는 곳... 어딘 어디야 극장이지. 극장.

극 장, 오늘의 주제 극장

근데 연인끼리 손만 잡으면 되는데 꼭 이상한 짓 하는 사람이 있어.

얼마 전 극장에 갔는데 한쪽에서 "음... 음..." 이런 소리가 들리는 거야.

그래서 거기로 가봤더니 한 30대 남자가 영화를 보면서 신음소리를 내는 거야.

그래서 내가... "이봐요. 공공장소에서 뭐하시는 겁니까? 이러시면 어떻게 해요?"

그랬더니... 그 남자가... "너도 2층서 떨어져 봐... 나처럼 안 되나..."

여기서 잠깐
극장은 극장인데 남녀가 모여 앉아서 노래하고 맞고 신나게 떠드는 극장이 뭐게?
정답, 쟁반극장.

요즘은 비디오나 DVD가 발달을 해서 집에서 영화를

볼 수도 있습니다.
그래서 알아봤는데... **비디오가 극장보다 좋은 이유 다섯 가지**

1. 가격이 저렴하다.
2. 누워서 볼 수 있다. 보다가 잠들어도 아무 상관없다.
3. 중간에 화장실에 가더라도 창피하지 않다.
4. 땅콩이나 콜라말구 먹고 싶은 건 뭐든지 먹으면서 볼 수 있다.
5. 중요장면은 슬로우 비디오로 돌려가며 자세히 볼 수도 있고 특히 위험한 정사의 다리 꼬는 장면은 정지화면으로 볼 수도 있다.

그러면 왜 사람들은 극장에 몰리는 것일까?
극장이 비디오 보다 좋은 이유 다섯 가지...

1. 영화에 전념할 수 있다. 둘째... 음... 한 가지 뿐이네요.

근데 영화에는 심의 등급이 있습니다.
　지금은 자율적인 검열을 하지만 70~80년대에는 정부가 검열을 심하게 했어요.
　예를 들어, 장발이나 미니스커트가 나와도 안되고, 경찰이 범인에게 쫓기거나 맞아도 안되고, 선생님이나 공무원, 정치인이 봉투를 받는 장면이 나와도 안되고, 심지어 북한 괴뢰군역을 맡은 배우가 미남이어도 영화에 가위질을 하던 때가 있었습니다.

그래서 모 감독은 냉면 집에 가서 종업원이 가위를 들고 "짤라드려요."

그러면 깜짝 놀라면서 "아뇨 아뇨"라고 손사래를 쳤다는 일화도 있습니다.

그러면 현재의 영화심의기준은 무엇인지 제가 실제 사례를 들어서 설명해 드리겠습니다.

남녀가 공원 벤치에 앉아서 도리도리 짝짝궁을 하면서 놀고 있다.
이건 **"전체 관람가"**
그러다가 남녀의 눈빛에 불꽃이 튀기면서 남녀가 뽀뽀를 했다.
이건 **"12세 관람가"**
그러다가 뽀뽀가 키스로 발전하며 남자가 여자를 벤치에 누였다.
이건 **"15세 관람가"**
서서히 남자가 여자의 옷을 벗기고 입술이 아닌 다른 곳에 키스를 한다.
이건 **"미성년자 관람불가"**
그런데 알고 보니 여자가 아니라 같은 남자였다.
이건 **"제한 상영가"**

마지막으로 극장에서 재밌게 보내는 법을 알려드리죠.
연인이 있을 경우 - 각자 만원씩 내서 극장표를 산다.
남은 돈으로 팝콘 하나를 산다.

어두운 극장에서 따스한 손을 잡고 영화를 본다.

그러면서 한마디 건넨다. 느끼세요? 지금 우리의 현실은 어두운 극장처럼 불투명하지만 우리의 미래는 저 영화처럼 밝게 빛날 거야.

만약에 **솔로일 경우** - 만원으로 극장표를 산다. 남은 돈으로 컵라면과 오징어를 산다. 극장에서 컵라면 먹으며 영화 보는 맛... 끝내 준다.

옆에 앉은 연인들이 자꾸 눈총을 주지만 신경 쓰지 마라.

그리고 신발 벗어 의자에 올리고 오징어를 뜯어라. 옆에 앉은 관객들 냄새 땜에 영화 못 본다.

그러면서 한마디 건넨다. 느끼하세요? 크윽...

아~ 외로운 솔로...

지금까지 최형만이였습니다.

37. 인 사

인 사

반갑습니다. 근데 나는 나오자마자 90도로 인사를 하는데, 당신들은 왜 박수만 치고 인사를 안 하는거야. 사람이 인사를 하면 똑같이 인사를 받아줘야지.
다시 해봐. (90도인사) 반갑습니다.
보신 바와 같이 이렇게 요즘 젊은 사람들은 인사하는 걸 어색해 해.
그래서 오늘은 '인사'에 대해서 얘기 해야겠다.

인사(人事)

인사라는 것은 예로부터 상대방에 대한 적의가 없다는 뜻으로 몸을 숙이는 것에서부터 유래가 됐습니다. 거기에 상대에 대한 예절과 존경이 갖추어진 것이 우리나라의 인사법입니다.

예전에는 스승의 그림자도 밟지 않았는데, 지금은 자존심만은 밟지 말아 달라!

이런 말을 하고 있어.

인사를 불성실하게 하는 사람들은 꼭 술먹고 인사불성이 돼! 그리고 전봇대에 인사를 왜 해!

인사는 나라·시대·시간·신분·종교·성별, 직업 등에 따라 각기 다 다릅니다.

중국이나 한국에서는 상반신을 굽혀서 인사를 하지만, 뉴질랜드 마오리 족은 코끝을 비비는 게 인사고, 손가락을 맞대는 건 뭐냐! 이건 E.T. 외계인이다.

> 이 '인사'에 관한 유명한 고사성어가 있습니다.
> 중국 제나라에 왕이 되기를 희망하는 두 무리의 선비들이 있었어. (士士)
> 이 두 선비무리는 서로 왕이 되기 위해 치열한 암투를 벌인 거야.
> 그래서 결국 한쪽이 머리 위에 왕관을 쓰게 됐어. (王士)
> 그래서 이 두 선비무리는 왕과 신하로 나뉘게 되었다.
> 그런데 이 왕과 신하는 나라를 다스릴 걱정은 하지 않고, 서로 헐뜯고 거짓말을 일삼은 거야. (假)

> 그래서 백성들은 이 왕과 신하에게 그때부터 인사하기를 그쳤어. (止)
> 그래서 후대 사람들은 백성들에게 인사도 받지 못하는 왕과 정치인을 가리켜 **왕사가지(王士假止)**다! 이런 고사가 생긴 거야!

악수에도 여러 가지 유형이 있습니다.

손을 깊숙히 힘있게 잡는 악수는 믿음과 의지가 들어 있습니다.

두 손으로 감싸쥐는 사람은 상대보다 윗사람으로서 기대와 포용력을 나타낼 때 이렇게 악수를 합니다.

그리고 악수를 이렇게 하면서 손가락으로 간지르는 놈들이 있어. 그건 제비족이나 변태야!

그리고 직업별로도 인사의 유형이 다 틀리다.

권투선수는 이러지, "시합 전 글러브 낀 인사"

프로레슬링 선수는 얌전하게 하지 않아. 카악~! "위협적 레슬링 포즈"

건달들은 이렇게 해. "90도 인사"

이 90도 인사와 똑같이 하는 직업이 또 있어. 선거철 정치인! 한표 부탁드립니다~. 90도 인사.

그럼 이건 누군지 알아? 고개 뒤로 까딱하는 사람... 아까 그 정치인 당선되고 1년 뒤!

살다보면 기본적인 인사조차 할 줄 모르는 사람들이 있습니다.

 가끔 택시를 타고 내릴 때, 식당에서 계산할 때, 사람이 돈을 내면 얼굴이라도 보면서 받아야 되는데, 받고 나서 그냥 가버리는 거야.

 인사란 눈과 눈을 통하고 마음과 마음을 통하는 게 인사란 말이야!

 에... 그런데 꼭 얼굴을 안보고 인사해야만 장사가 잘되는 집이 있어요. 거기가- 어디냐! 러브호텔...

 고개 옆으로 돌리고 '어서오세요~' 이래야 손님이 잘 와. 거긴!

 정치인이 국민들로부터 진심으로 인사를 받는 길은 정치를 잘하면 되고.

 방청객이 연기자들로부터 인사를 받으려면, 박수와 웃음을 아끼지 않으면 되고.

 내가 여러분께 인사를 잘 받으려면, 오로지 웃겨야 한다 이거야.

 여러분이 많이 웃어주셨으니까 내가 감사인사를 드립니다. 강의 끝!

- 감사합니다 -

최 형 만

87년 'KBS 개그콘테스트' 데뷔

출연작품으로는 '유머1번지-동작그만' '쇼비디오자키-네로25시' '코미디전망대-코미디 모의국회' '웃으며 삽시다-랄랄라 선생님' '시사터치 코미디파일' 'itv 대결천하' '폭소클럽-돌강의' 등 출연

최형만의 **돌강의**

최 형 만 지음

2004년 8월 25일 1판 1쇄 인쇄
2004년 9월 5일 1판 1쇄 발행

펴낸곳 / **책과사람들**
펴낸이 / 이동원
편집인 / 김상인
서울시 성북구 보문7가 100번지 화진빌딩
TEL / 926-0290~2 FAX / 926-0292
홈페이지 / www.booksarang.co.kr
www.booknpeople.com
등록 / 2003.10.1(제307-2003-000091호)

정가 9,000원

ISBN 89-87758-96-6 03810

저자와 합의하에 인지생략합니다.
* 파본이나 잘못된 책은 바꿔 드립니다.